PHYSIK

Formeln und Einheiten Sekundarstufe II

Von
Dr. Oskar Höfling

Neunzehnte Auflage

AULIS VERLAG

Bibliografische Information der Deutschen Nationalbibliothek
Die Deutsche Nationalbibliothek verzeichnet diese Publikation in der Deutschen Nationalbibliografie; detaillierte bibliografische Daten sind im Internet über *http://dnb.dnb.de* abrufbar.

Best.-Nr. A 302857

Satz & Zeichnungen: Bernd Kosubeck, Leipzig
ISBN: 978-3-7614-2857-3

INHALT

Aus den Vorworten des Verfassers Herrn Dr. Oskar Höfling

In der vorliegenden Formelsammlung wurden die physikalischen Formeln an die erste Stelle gesetzt; Definitionen der gesetzlichen Einheiten finden sich in Kästen an zweiter Stelle. Sie schließen sich eng an den Text des Gesetzes an. Dies ist bewusst geschehen, weil jeder sich daran gewöhnen sollte, die in den Formulierungen oft sehr gedrängten und nicht immer leicht verständlichen Gesetzestexte auch in der Physik zu verwenden.
Bei jeder Formel werden die Bedeutung der Formelzeichen sowie die zugehörigen gesetzlichen Einheiten angegeben.
Die vorliegende Formelsammlung soll in erster Linie dem praktischen Physikunterricht dienen. Sie bringt alle wichtigen physikalischen Formeln und Einheiten und ermöglicht deren rasches Auffinden. Sie kann ohne Bedenken bei Klassen- und Prüfungsarbeiten verwendet werden; es ist nicht davon auszugehen, dass Lernende den gesamten Bestand an physikalischen Formeln und Einheiten jederzeit auswendig wissen. Das Verständnis der Formeln und Einheiten und die Fähigkeit zu ihrer richtigen und sinnvollen Anwendung sind wichtiger.
Die Verbesserungsvorschläge der Benutzer konnten weitgehend berücksichtigt werden; herzlichen Dank dafür.

Vorwort des Verlages

Unser Verfasser, Herr Dr. Oskar Höfling, ist leider verstorben; wir müssen ohne ihn und seine profunde Fachkenntnis auskommen. Wir haben uns entschlossen, die vorliegende Formelsammlung weitgehend unverändert nachzudrucken. Die Rechtschreibreform wurde selbstverständlich nachvollzogen.

Im Frühjahr 2012 — Der Verlag

I Formeln

1 Mechanik

1.1 Gleichförmige Bewegungen

$$\vec{s} = \vec{v}t \quad \text{oder} \quad s = vt$$

Vektorgleichung — Betragsgleichung

Dabei bedeuten:
s = Betrag des zur Zeit t zurückgelegten Weges,
t = zum Durchlaufen des Weges s benötigte Zeit,
v = konstanter Betrag der Geschwindigkeit.

Gesetzliche Einheiten:
$[s] = 1\,\text{m}$
$[t] = 1\,\text{s}$
$[v] = 1\,\text{ms}^{-1}$

$$\vec{s} = \vec{s}_0 + \vec{v}t \quad \text{oder} \quad s = s_0 \pm vt$$

Vektorgleichung — Betragsgleichung

Dabei bedeuten:
s_0 = Betrag des zur Zeit $t = 0$ zurückgelegten Weges,
t = Betrag des nach der Zeit t zurückgelegten Weges,
v = Betrag der Geschwindigkeit.

1.2 Gleichmäßig beschleunigte Bewegung

$$\vec{v} = \vec{a}t \quad \text{oder} \quad v = at, \quad s = \frac{1}{2}at^2$$

Vektorgleichung — Betragsgleichung

Dabei bedeuten:
v = Betrag der Geschwindigkeit,
s = Betrag des in der Zeit t zurückgelegten Weges,
t = zum Durchlaufen des Weges s benötigte Zeit,
a = konstanter Betrag der Beschleunigung.

Gesetzliche Einheiten:
$[s] = 1\,\text{m}$
$[t] = 1\,\text{s}$
$[v] = 1\,\text{ms}^{-1}$
$[a] = 1\,\text{ms}^{-2}$

$$\vec{v} = \vec{v}_0 + \vec{a}t, \quad \vec{s} = \vec{s}_0 + \vec{v}_0 t + \frac{1}{2}\vec{a}t^2 \quad \text{oder} \quad v = v_0 \pm at, \quad s = s_0 \pm v_0 t \pm \frac{1}{2}at^2$$

Vektorgleichung — Betragsgleichung

Dabei bedeuten:
v_0 = Betrag der Geschwindigkeit zur Zeit $t = 0$,
s_0 = Betrag des zur Zeit $t = 0$ zurückgelegten Weges,
v = Betrag der Geschwindigkeit nach der Zeit t,
s = Betrag des in der Zeit t zurückgelegten Weges,
a = konstanter Betrag der Beschleunigung.

1.3 Spezialfälle der gleichmäßig beschleunigten Bewegungen

Der freie Fall

$$v = gt, \quad s = \frac{1}{2}gt^2, \quad v = \sqrt{2gs}$$

Dabei bedeuten:
v = Betrag der Geschwindigkeit des fallenden Körpers,
s = Betrag des durchfallenen Weges,
t = Fallzeit
g = Normwert der Fallbeschleunigung
$= 9{,}80665\,\text{m}\,\text{s}^{-2} \approx 9{,}81\,\text{m}\,\text{s}^{-2} \approx 10\,\text{m}\,\text{s}^{-2}$.

Gesetzliche Einheiten:
siehe 1.2

Der vertikale Wurf nach unten

$$v = v_0 + g\,t, \quad s = v_0\,t + \frac{1}{2}\,g\,t^2$$

Der vertikale Wurf nach oben

$$v = v_0 - g\,t, \quad s = v_0\,t - \frac{1}{2}\,g\,t^2$$

$$\text{Steighöhe } H = \frac{v_0^2}{2\,g}; \quad \text{Steigzeit} = \text{Fallzeit } t_s = \frac{v_0}{g}$$

Dabei bedeuten:
v_0 = Betrag der Geschwindigkeit zur Zeit $t = 0$,
v = Betrag der Geschwindigkeit nach der Zeit t,
s = Betrag des in der Zeit t zurückgelegten Weges,
g = Betrag der Fallbeschleunigung.

Der Fall auf der geneigten Ebene

$$v = g\,t\,\sin\alpha, \quad s = \frac{1}{2}\,g\,t^2\sin\alpha, \quad v = \sqrt{2\,g\,s\sin\alpha}$$

Dabei bedeuten:
v = Betrag der Geschwindigkeit nach der Zeit t,
s = Betrag des in der Zeit t zurückgelegten Weges,
g = Betrag der Fallbeschleunigung,
α = Neigungswinkel der geneigten Ebene.

1.4 Gleichförmige Kreisbewegungen

$$\omega = \frac{2\pi}{T} = 2\pi f, \quad v = r\,\omega = \frac{2\pi r}{T} = 2\pi r f, \quad a_r = r\,\omega^2 = \frac{v^2}{r} = \frac{4\pi^2 r}{T^2} = 4\pi^2 f^2 r$$

Dabei bedeuten:
T = Umlaufzeit,
$f = \frac{1}{T}$ = Frequenz,
r = Radius der Kreisbahn,
v = Betrag der Bahngeschwindigkeit,
a_r = Betrag der Radial- oder Zentripetalbeschleunigung.

Gesetzliche Einheiten:
$[\omega] = 1\ \text{rad s}^{-1} = 1\ \text{s}^{-1}$
$[T] = 1\ \text{s}$
$[f] = 1\ \text{Hz} = 1\ \text{s}^{-1}$
$[r] = 1\ \text{m}$
$[v] = 1\ \text{m s}^{-1}$
$[a_r] = 1\ \text{m s}^{-2}$

1.5 Horizontaler Wurf

$$v_x = v_0, \quad v_y = g\,t, \quad s_x = v_0\,t, \quad s_y = \frac{1}{2}\,g\,t^2$$

$$\text{Bahngleichung } s_y = -\frac{1}{2}\frac{g}{v_0^2}s_x^2 (\text{ Parabel})$$

Dabei bedeuten:
v_0 = Betrag der Geschwindigkeit zur Zeit $t = 0$,
v_x = Betrag der horizontalen Geschwindigkeitskomponente nach der Zeit t,
v_y = Betrag der vertikalen Geschwindigkeitskomponente nach der Zeit t,
s_x = Betrag der horizontalen Wegkomponente nach der Zeit t,
s_y = Betrag der vertikalen Wegkomponente nach der Zeit t,
g = Betrag der Fallbeschleunigung.

Gesetzliche Einheiten:
siehe 1.2

1.6 Schiefer Wurf

$$v_x = v_0 \cos\alpha, \quad v_y = v_0 \sin\alpha - gt, \quad s_x = v_0 t \cos\alpha, \quad s_y = v_0 t \sin\alpha - \frac{1}{2} g t^2$$

$$\text{Wurfweite } W = \frac{v_0^2 \sin 2\alpha}{g}, \text{ Wurfhöhe } H = \frac{v_0^2 \sin^2\alpha}{2g}, \text{ Steigzeit} = \text{Fallzeit } t_s = \frac{v_0 \sin\alpha}{g}$$

$$\text{Bahngleichung } s_y = s_x \tan\alpha = -\frac{g}{2 v_0^2 \cos^2\alpha} s_x^2 (\text{ Parabel})$$

Dabei bedeuten:
α = Winkel zwischen der Anfangsgeschwindigkeit v_0 und der Horizontalen,
sonst wie 1.5.

Gesetzliche Einheiten:
$[\alpha] = 1° = \frac{\pi}{180}$ rad
sonst siehe 1.5

1.7 NEWTON-Grundgesetz der Mechanik

$$\vec{F} = m\vec{a} = m\frac{d\vec{v}}{dt} = \frac{d(m\vec{v})}{dt} \quad \text{oder} \quad F = ma = m\frac{dv}{dt} = \frac{d(mv)}{dt}$$

Vektorgleichung — Betragsgleichung

Dabei bedeuten:
F = Betrag der beschleunigenden Kraft,
m = Masse des beschleunigten Körpers,
$a = \frac{dv}{dt}$ = Betrag der Beschleunigung.

Gesetzliche Einheiten:
$[F] = 1$ N
$[m] = 1$ kg
$[a] = 1\,\text{m}\,\text{s}^{-2}$

1.8 Gewichtskraft

$$\vec{F}_G = m\vec{g} \quad \text{oder} \quad F_G = mg$$

Vektorgleichung — Betragsgleichung

Dabei bedeuten:
F_G = Betrag der Gewichtskraft,
m = Masse des Körpers,
g = Betrag der Fallbeschleunigung.

Gesetzliche Einheiten:
siehe 1.7

1.9 Spezifische Masse oder Dichte

$$\rho = \frac{m}{V}$$

Dabei bedeuten:
ρ = spezifische Masse oder Dichte des Körpers,
m = Masse des Körpers,
V = Volumen des Körpers.

Gesetzliche Einheiten:
$[\rho] = 1\,\text{kg}\,\text{m}^{-3}$
$[m] = 1$ kg
$[V] = 1\,\text{m}^3$

1.10 Impuls oder Bewegungsgröße

$$\vec{p} = m\vec{v} \quad \text{oder} \quad p = mv$$

Vektorgleichung — Betragsgleichung

Dabei bedeuten:
p = Betrag des Impulses,
m = Masse des Körpers,
v = Betrag der Geschwindigkeit des Körpers.

Gesetzliche Einheiten:
$[p] = 1\,\text{kg}\,\text{m}\,\text{s}^{-1}$
$[m] = 1$ kg
$[v] = 1\,\text{m}\,\text{s}^{-1}$

1.11 Kraftstoß oder Impulsänderung

$$\vec{F} \cdot \Delta t = m \cdot \Delta \vec{v} = \Delta \vec{p} = \vec{p}_2 - \vec{p}_1$$

Dabei bedeuten:
$\vec{F} \cdot \Delta t$ = Kraftstoß,
$\vec{F}$ = auf einen Körper wirkende konstante Kraft,
Δt = Dauer der Kraftwirkung,
m = Masse des Körpers,
$\Delta \vec{v}$ = Geschwindigkeitsänderung des Körpers in der Zeit Δt,
$\Delta \vec{p}$ = Impulsänderung des Körpers in der Zeit Δt,
$\vec{p}_1$ = Impuls des Körpers vor dem Kraftstoß,
$\vec{p}_2$ = Impuls des Körpers nach dem Kraftstoß.

Gesetzliche Einheiten:
$[F] = 1\,\mathrm{N}$
$[t] = 1\,\mathrm{s}$
$[m] = 1\,\mathrm{kg}$
$[v] = 1\,\mathrm{m\,s^{-1}}$
$[p] = 1\,\mathrm{kg\,m\,s^{-1}}$

1.12 Radial- oder Zentripetalkraft

$$F_\mathrm{r} = m a_\mathrm{r} = m r \omega^2 = \frac{m v^2}{r} = \frac{4\pi^2 m r}{T^2} = 4\pi^2 f^2 m r$$

Dabei bedeuten:
F_r = Betrag der Radialkraft,
m = Masse des bewegten Körpers,
a_r = Betrag der Radialbeschleunigung (siehe 1.4),
ω = Winkelgeschwindigkeit,
T = Umlaufzeit,
$f = \frac{1}{T}$ = Frequenz,
r = Radius der Kreisbahn,
v = Betrag der Bahngeschwindigkeit.

Gesetzliche Einheiten:
$[F_\mathrm{r}] = 1\,\mathrm{N}$
$[m] = 1\,\mathrm{kg}$
sonst siehe 1.4

1.13 Arbeit

$$W = \vec{F} \cdot \vec{s} \quad \text{oder} \quad W = F s \cos\alpha$$

Vektorgleichung — Betragsgleichung

Dabei bedeuten:
W = verrichtete Arbeit,
F = Betrag der konstanten Kraft,
s = durchlaufener, geradliniger Weg,
α = Winkel zwischen dem Weg- und dem Kraftvektor

Gesetzliche Einheiten:
$[W] = 1\,\mathrm{J}$
$[F] = 1\,\mathrm{N}$
$[s] = 1\,\mathrm{m}$

1.14 Kinetische Energie oder Bewegungsenergie

$$W_\mathrm{k} = \frac{1}{2} m v^2$$

Dabei bedeuten:
W_k = kinetische Energie des bewegten Körpers,
m = Masse des bewegten Körpers,
v = Betrag der Geschwindigkeit des Körpers.

Gesetzliche Einheiten:
$[W_\mathrm{k}] = 1\,\mathrm{J}$
$[m] = 1\,\mathrm{kg}$
$[v] = 1\,\mathrm{m\,s^{-1}}$

1.15 Potenzielle Energie oder Lageenergie eines gehobenen Körpers

$$W_\mathrm{p} = m g h$$

Dabei bedeuten:
W_p = Potenzielle Energie des gehobenen Körpers,
m = Masse des gehobenen Körpers,
h = Höhe, um die der Körper aus dem Nullniveau ($h = 0$) gehoben wird,
g = Betrag der als konstant betrachteten Fallbeschleunigung.

Gesetzliche Einheiten:
$[W_\mathrm{p}] = 1\,\mathrm{J}$
$[m] = 1\,\mathrm{kg}$
$[h] = 1\,\mathrm{m}$
$[g] = 1\,\mathrm{m\,s^{-2}}$

1.16 Potenzielle Energie einer gespannten Feder

$$W_p = \frac{1}{2} D s^2$$

Gesetzliche Einheiten:
$[W_p] = 1$ J
$[s] = 1$ m
$[D] = 1\ \mathrm{kg\,s^{-2}}$

Dabei bedeuten:
W_p = potenzielle Energie der gespannten Feder,
s = Strecke der Dehnung,
D = Federkonstante.

1.17 Leistung

$$P = \frac{W}{t}$$

Gesetzliche Einheiten:
$[P] = 1$ W
$[W] = 1$ J
$[t] = 1$ s

Dabei bedeuten:
P = Leistung,
W = Arbeit, die in der Zeit t verrichtet wird.

1.18 Der vollkommen elastische Stoß

$$v_1 = \frac{2m_2u_2 + (m_1 - m_2)u_1}{m_1 + m_2}, \quad v_2 = \frac{2m_1u_1 + (m_2 - m_1)u_2}{m_1 + m_2}$$

Gesetzliche Einheiten:
$[u] = 1\ \mathrm{m\,s^{-1}}$
$[v] = 1\ \mathrm{m\,s^{-1}}$
$[m] = 1$ kg

Dabei bedeuten:
u_1 = Betrag der Geschwindigkeit des Massenpunktes m_1 vor dem Stoß,
u_2 = Betrag der Geschwindigkeit des Massenpunktes m_2 vor dem Stoß,
v_1 = Betrag der Geschwindigkeit des Massenpunktes m_1 nach dem Stoß,
v_2 = Betrag der Geschwindigkeit des Massenpunktes m_2 nach dem Stoß.

1.19 Der vollkommen unelastische Stoß

$$v = \frac{m_1u_1 + m_2u_2}{m_1 + m_2}$$

Gesetzliche Einheiten:
siehe 1.18

Dabei bedeuten:
v = Betrag der gemeinsamen Geschwindigkeit der Massenpunkte m_1 und m_2 nach dem Stoß,
sonst wie 1.18.

1.20 Drehmoment

$$\vec{M} = \vec{r} \times \vec{F} \quad \text{oder} \quad M = r F \sin\alpha$$

Vektorgleichung — Betragsgleichung

Dabei bedeuten:
$\vec{M}$ = Drehmoment,
$\vec{F}$ = wirksame Kraft,
P = Angriffspunkt der Kraft,
$\vec{r}$ = Ortsvektor von P,
α = Winkel zwischen den Vektoren $\vec{F}$ und $\vec{r}$.

Gesetzliche Einheiten:
$[M] = 1$ Nm
$[F] = 1$ N
$[r] = 1$ m

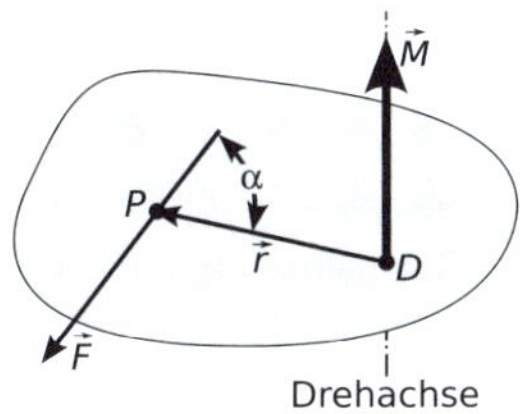

Abb. 1.20

1.21 Trägheitsmoment oder Massenträgheitsmoment oder Drehmasse

für einen Massenpunkt: $J = m r^2$

für einen starren Körper: $J = \sum_{z=1}^{n} \Delta m_z r_z^2 = \int r^2 \, \mathrm{d}m$

Dabei bedeuten:
J = Trägheitsmoment,
m = Masse des Massenpunktes,
r = Abstand des Massenpunktes von der Drehachse,
Δm_z = Masse eines Massenelementes,
r_z = Abstand des Massenelementes Δm_z von der Drehachse.

Gesetzliche Einheiten:
$[J] = 1 \text{ kg m}^2$
$[m] = 1 \text{ kg}$
$[r] = 1 \text{ m}$

1.22 Kinetische Rotationsenergie

$$W_{\text{rot}} = \frac{1}{2} J \omega^2$$

Dabei bedeuten:
W_{rot} = kinetische Rotationsenergie für einen um eine feste Achse rotierenden, starren Körper,
J = Trägheitsmoment des starren Körpers,
ω = Winkelgeschwindigkeit.

Gesetzliche Einheiten:
$[W_{\text{rot}}] = 1 \text{ J}$
$[J] = 1 \text{ kg m}^2$
$[\omega] = 1 \text{ rad s}^{-1} = 1 \text{ s}^{-1}$

1.23 Drehimpuls oder Drall

für einen sich auf einem Kreis bewegenden Massenpunkt:

$$\vec{L} = J\vec{\omega} = m r^2 \vec{\omega} = m \vec{r} \times \vec{v} \quad \text{oder} \quad L = J\,\omega = m r^2\, \omega = m r v$$

Vektorgleichung — Betragsgleichung

für einen um eine feste Achse rotierenden starren Körper:

$$\vec{L} = \sum_{z=1}^{n} \Delta m_z r_z^2 \vec{\omega} = J\,\vec{\omega} \quad \text{oder} \quad L = \sum_{z=1}^{n} \Delta m_z r_z^2 \omega = J\,\omega$$

Vektorgleichung — Betragsgleichung

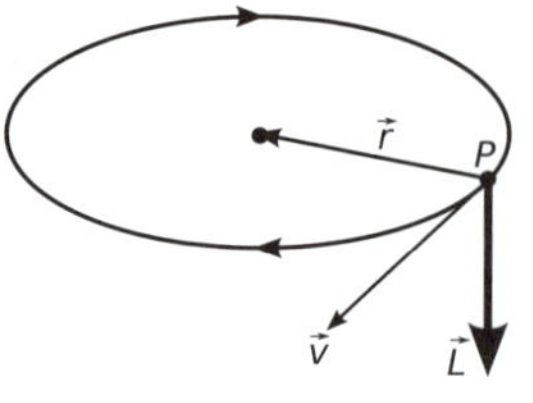

Abb. 1.23

Dabei bedeuten:
$\vec{L}$ = Drehimpuls,
m = Masse des Massenpunktes P,
$\vec{v}$ = Bahngeschwindigkeit des Massenpunktes P,
$\vec{\omega}$ = Winkelgeschwindigkeit,
$\vec{r}$ = Ortsvektor des Massenpunktes P,
Δm_z = Masse eines Massenelementes,
r_z = Abstand des Massenelementes Δm_z von der Drehachse,
J = Trägheitsmoment.

Gesetzliche Einheiten:
$[L] = 1 \text{ J s}$
$[J] = 1 \text{ kg m}^2$
$[\omega] = 1 \text{ rad s}^{-1} = 1 \text{ s}^{-1}$

1.24 NEWTON-Gravitationsgesetz

$$\vec{F} = G \frac{m_1 m_2}{r^3} \vec{r} \quad \text{oder} \quad F = G \frac{m_1 m_2}{r^2}$$

Vektorgleichung — Betragsgleichung

Dabei bedeuten:
$\vec{F}$ = Gravitationskraft,
m_1 und m_2 = Massen der beiden Körper,
r = Abstand der beiden Massenpunkte bzw. der Schwerpunkte der beiden kugelförmigen, homogenen Massen,
G = Gravitationskonstante = $6{,}67384 \cdot 10^{-11} \text{ m}^3 \text{ kg}^{-1} \text{ s}^{-2}$.

Gesetzliche Einheiten:
$[F] = 1 \text{ N}$
$[m] = 1 \text{ kg}$
$[r] = 1 \text{ m}$
$[G] = 1 \text{ m}^3 \text{ kg}^{-1} \text{ s}^{-2}$

1.25 Gravitationspotenzial

$$V_{0,1} = \frac{W_{0,1}}{m_0} = G\,m\left(\frac{1}{r_0} - \frac{1}{r_1}\right)$$

Für $r_0 \to \infty$ und $r_1 = r$ gilt

$$V = \frac{W_{\infty,r}}{m_0} = -G\frac{m}{r}$$

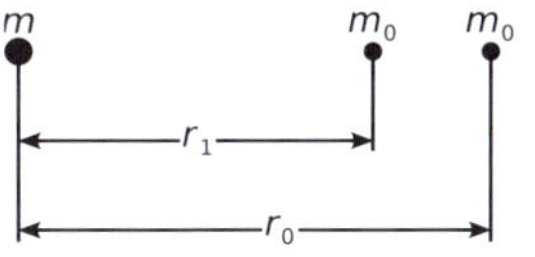

Abb. 1.25

Dabei bedeuten:
$V_{0,1}$ bzw. V = Gravitationspotenzial,
m = Feld erzeugende Masse,
m_0 = transportierte Probemasse,
$W_{0,1}$ = Arbeit, die erforderlich ist, um die Probemasse m_0 aus dem Abstand r_0 in den Abstand r_1 vom Schwerpunkt der Feld erzeugenden Masse zu bringen,
$W_{\infty,r}$ = Arbeit, die erforderlich ist, um die Probemasse m_0 aus dem Unendlichen in den Abstand r vom Schwerpunkt der Feld erzeugenden Masse zu bringen,
G = Gravitationskonstante.

Gesetzliche Einheiten:
$[V] = 1\ \mathrm{J\,kg^{-1}}$
$[W] = 1\ \mathrm{J}$
$[m] = 1\ \mathrm{kg}$
$[r] = 1\ \mathrm{m}$
$[G] = 1\ \mathrm{m^3\,kg^{-1}\,s^{-2}}$

1.26 Drittes KEPLER-Gesetz

$$\frac{T_1^2}{T_2^2} = \frac{a_1^3}{a_2^3} \quad \text{oder} \quad \frac{T_1^2}{a_1^3} = \frac{T_2^2}{a_2^3} = \text{const}$$

Dabei bedeuten:
T_1 = Umlaufzeit des ersten Planeten,
a_1 = große Halbachse der Bahn des ersten Planeten,
T_2 = Umlaufzeit des zweiten Planeten,
a_2 = große Halbachse der Bahn des zweiten Planeten.

Gesetzliche Einheiten:
$[T] = 1\ \mathrm{s}$
$[a] = 1\ \mathrm{m}$

1.27 Durchsatz oder Abbrandgeschwindigkeit einer Rakete

$$\mu = \frac{\Delta m}{\Delta t}$$

Dabei bedeuten:
μ = Durchsatz,
Δm = in der Zeit Δt ausgestoßene Gasmasse.

Gesetzliche Einheiten:
$[\mu] = 1\ \mathrm{kg\,s^{-1}}$
$[m] = 1\ \mathrm{kg}$
$[t] = 1\ \mathrm{s}$

1.28 Schub eines Raketentriebwerkes

$$F_s = \mu\,w$$

Dabei bedeuten:
F_s = Schub,
μ = Durchsatz,
w = Geschwindigkeit der ausgestoßenen Gase relativ zur Rakete.

Gesetzliche Einheiten:
$[F_s] = 1\ \mathrm{N}$
$[\mu] = 1\ \mathrm{kg\,s^{-1}}$
$[w] = 1\ \mathrm{m\,s^{-1}}$

1.29 ZIOLKOWSKI-Raketenformel

$$v_t = w \cdot \ln \frac{m_0}{m_t}$$

Dabei bedeuten:
v_t = Geschwindigkeit einer Rakete zur Zeit t,
m_0 = Anfangsmasse der Rakete,
m_t = Restmasse der Rakete zur Zeit t,
w = Geschwindigkeit der ausgestoßenen Gase relativ zur Rakete.

Gesetzliche Einheiten:
$[v] = 1\,\mathrm{m\,s^{-1}}$
$[w] = 1\,\mathrm{m\,s^{-1}}$
$[m] = 1\,\mathrm{kg}$

1.30 Grenzgeschwindigkeit oder erste kosmische Geschwindigkeit oder erste astronautische Geschwindigkeit

$$v_\mathrm{G} = \sqrt{G\frac{m}{r}}$$

Dabei bedeuten:
v_G = Grenzgeschwindigkeit,
m = Masse des Himmelskörpers (z. B. Erde, Mond),
r = Radius des Himmelskörpers,
G = Gravitationskonstante.

Gesetzliche Einheiten:
$[v] = 1\,\mathrm{m\,s^{-1}}$
$[m] = 1\,\mathrm{kg}$
$[r] = 1\,\mathrm{m}$
$[G] = 1\,\mathrm{m^3\,kg^{-1}\,s^{-2}}$

1.31 Fluchtgeschwindigkeit oder zweite kosmische Geschwindigkeit oder zweite astronautische Geschwindigkeit

$$v_\mathrm{F} = \sqrt{G\frac{2m}{r}}, \qquad v_\mathrm{F} = \sqrt{2} \cdot v_\mathrm{G}$$

Dabei bedeuten:
v_F = Fluchtgeschwindigkeit,
sonst wie bei 1.30.

Gesetzliche Einheiten:
siehe 1.30

1.32 Ungedämpfte harmonischen Schwingungen

Weg-Zeit-Gesetz:

$$s = s_\mathrm{max} \sin \omega t = s_\mathrm{max} \sin 2\pi f t = s_\mathrm{max} \sin \frac{2\pi t}{T}$$

Geschwindigkeit-Zeit-Gesetz:

$$v = s_\mathrm{max}\, \omega \cos \omega t = s_\mathrm{max}\, \omega \cos 2\pi f t = s_\mathrm{max}\, \omega \cos \frac{2\pi t}{T}$$

Beschleunigung-Zeit-Gesetz:

$$a = -s_\mathrm{max}\, \omega^2 \sin \omega t = -s_\mathrm{max}\, \omega^2 \sin 2\pi f t = -s_\mathrm{max}\, \omega^2 \sin \frac{2\pi t}{T} = -\omega^2 s$$

Kraft:

$$F = -D s$$

Schwingungsdauer oder Periodendauer:

$$T = 2\pi \sqrt{\frac{m}{D}}$$

Schwingungszahl oder Frequenz:

$$f = \frac{1}{2\pi} \sqrt{\frac{D}{m}}$$

Kreisfrequenz:

$$\omega = \frac{2\pi}{T} = 2\pi f = \sqrt{\frac{D}{m}}$$

Richtgröße oder Direktionsgröße:

$$D = m\omega^2$$

Dabei bedeuten:
s = Elongation der Schwingung,
s_{max} = Amplitude oder maximale Elongation der Schwingung,
T = Schwingungsdauer oder Periodendauer,
f = Frequenz oder Schwingungszahl,
ω = Kreisfrequenz,
v = Betrag der Geschwindigkeit des schwingenden Körpers,
a = Betrag der Beschleunigung des schwingenden Körpers,
F = Betrag der rücktreibenden Kraft,
D = Richtgröße oder Direktionsgröße,
m = Masse des schwingenden Körpers.

Gesetzliche Einheiten:
$[s] = 1\,\mathrm{m}$
$[T] = 1\,\mathrm{s}$
$[f] = 1\,\mathrm{s}^{-1}$
$[\omega] = 1\,\mathrm{s}^{-1}$
$[v] = 1\,\mathrm{m\,s}^{-1}$
$[a] = 1\,\mathrm{m\,s}^{-2}$
$[F] = 1\,\mathrm{N}$
$[D] = 1\,\mathrm{kg\,s}^{-2}$
$[m] = 1\,\mathrm{kg}$

1.33 Energie bei einer ungedämpften harmonischen Schwingung

kinetische Energie:

$$W_k = \frac{1}{2} m s_{max}^2 \omega^2 \cos^2 \omega t = \frac{1}{2} D s_{max}^2 \cos^2 \omega t$$

potenzielle Energie:

$$W_p = \frac{1}{2} m s_{max}^2 \omega^2 \sin^2 \omega t = \frac{1}{2} D s_{max}^2 \sin^2 \omega t$$

Gesamtenergie:

$$W_{ges} = W_k + W_p = \frac{1}{2} m s_{max}^2 \omega^2 = \frac{1}{2} D s_{max}^2$$

Dabei bedeuten:
W_k = kinetische Energie,
W_p = potenzielle Energie,
W_{ges} = Gesamtenergie,
sonst siehe 1.32.

Gesetzliche Einheiten:
$[W] = 1\,\mathrm{J}$
sonst siehe 1.32

1.34 Mathematisches Pendel oder Fadenpendel

$$D = \frac{mg}{l}$$

$$T = 2\pi \sqrt{\frac{l}{g}} \quad \text{und} \quad f = \frac{1}{2\pi} \sqrt{\frac{g}{l}}$$

Dabei bedeuten:
D = Richtgröße oder Direktionsgröße des Pendels,
m = Masse des schwingenden Körpers,
g = Fallbeschleunigung,
l = Pendellänge,
T = Schwingungsdauer,
f = Frequenz.

Gesetzliche Einheiten:
$[D] = 1\,\mathrm{kg\,s}^{-2}$
$[m] = 1\,\mathrm{kg}$
$[g] = 1\,\mathrm{m\,s}^{-2}$
$[l] = 1\,\mathrm{m}$
$[T] = 1\,\mathrm{s}$
$[f] = 1\,\mathrm{s}^{-1}$

1.35 Federpendel

$$T = 2\pi\sqrt{\frac{m}{D}} \quad \text{und} \quad f = \frac{1}{2\pi}\sqrt{\frac{D}{m}}$$

Dabei bedeuten:
siehe 1.34.

Gesetzliche Einheiten:
siehe 1.34

1.36 Gedämpfte harmonische Schwingung

$$s = s_{\max} \mathrm{e}^{-\rho t} \sin \omega_{\mathrm{D}} t, \qquad \omega_{\mathrm{D}} = \sqrt{\omega_0^2 - \delta^2}$$

Dabei bedeuten:
s = Elongation der Schwingung,
$s_{\max}$ = Amplitude oder maximale Elongation der Schwingung,
t = Zeit,
ρ = Dämpfungs- oder Abklingkonstante,
ω_{D} = Kreisfrequenz der gedämpften Schwingung,
ω_0 = Kreisfrequenz der zugehörigen ungedampften Schwingung,
δ = Dämpfungsfaktor.

Gesetzliche Einheiten:
$[s] = 1\ \mathrm{m}$
$[t] = 1\ \mathrm{s}$
$[\rho] = 1\ \mathrm{s}^{-1}$
$[\omega] = 1\ \mathrm{s}^{-1}$
$[\delta] = 1\ \mathrm{s}^{-1}$

1.37 Überlagerung harmonischer Schwingungen

Einzelschwingungen:

$$s_1 = s_{\max} \sin \omega_1 t \quad \text{und} \quad s_2 = s_{\max} \sin \omega_2 t$$

resultierende Schwingung:

$$s = s_1 + s_2 = s_{\max}(\sin \omega_1 t + \sin \omega_2 t) = 2 s_{\max} \cos \frac{\omega_1 - \omega_2}{2} t \cdot \sin \frac{\omega_1 + \omega_2}{2} t$$

Dabei bedeuten:
siehe 1.32.

Gesetzliche Einheiten:
siehe 1.32

1.38 Schwebungen

$$f_{\mathrm{s}} = \frac{\omega_{\mathrm{s}}}{2\pi} = \frac{\omega_1 - \omega_2}{2\pi} = f_1 - f_2, \qquad T_{\mathrm{s}} = \frac{1}{f_1 - f_2} = \frac{T_1 T_2}{T_2 - T_1}$$

Dabei bedeuten:
f_{s} = Schwebungsfrequenz,
ω_{s} = Schwebungskreisfrequenz,
T_{s} = Schwebungsdauer,
f_1 und f_2 = Frequenzen der die Schwebungen erzeugenden Schwingungen,
ω_1 und ω_2 = Kreisfrequenzen der die Schwebungen erzeugenden Schwingungen,
T_1 und T_2 = Schwingungsdauer der die Schwebungen erzeugenden Schwingungen.

Gesetzliche Einheiten:
siehe 1.32

1.39 Ausbreitungsgeschwindigkeit einer Welle

$$c = \lambda f$$

Dabei bedeuten:
c = Ausbreitungsgeschwindigkeit der Welle,
λ = Wellenlänge,
f = Frequenz.

Gesetzliche Einheiten:
$[c] = 1\ \mathrm{m\,s}^{-1}$
$[\lambda] = 1\ \mathrm{m}$
$[f] = 1\ \mathrm{s}^{-1}$

1.40 Wellenzahl einer Wellenbewegung

$$N = \frac{n}{l} = \frac{1}{\lambda}$$

Dabei bedeuten:
N = Wellenzahl,
n = Anzahl der auf die Länge l entfallenden Wellenlängen,
λ = Wellenlänge.

Gesetzliche Einheiten:
$[N] = 1\ \text{m}^{-1}$
$[l] = 1\ \text{m}$
$[\lambda] = 1\ \text{m}$

1.41 Wellengleichung für harmonischen Wellen

Ausbreitung in Richtung der positiven x-Achse:

$$s = s_{\max} \sin 2\pi f \left(t - \frac{x}{c}\right) = s_{\max} \sin 2\pi \left(f t - \frac{x}{\lambda}\right)$$

Ausbreitung in Richtung der negativen x-Achse:

$$s = s_{\max} \sin 2\pi f \left(t + \frac{x}{c}\right) = s_{\max} \sin 2\pi \left(f t + \frac{x}{\lambda}\right)$$

Dabei bedeuten:
s = Auslenkung am Ort x zur Zeit t,
$s_{\max}$ = Amplitude,
f = Frequenz,
λ = Wellenlänge,
t = Zeit,
c = Ausbreitungsgeschwindigkeit.

Gesetzliche Einheiten:
$[s] = 1\ \text{m}$
$[f] = 1\ \text{s}^{-1}$
$[\lambda] = 1\ \text{m}$
$[t] = 1\ \text{s}$
$[c] = 1\ \text{m}\,\text{s}^{-1}$

1.42 Interferenz linearer harmonischer Wellen

Einzelwellen:

$$s_1 = s_{\max} \sin 2\pi \left(f t - \frac{x}{\lambda}\right) \quad \text{und} \quad s_2 = s_{\max} \sin 2\pi \left(f t - \frac{x + \Delta x}{\lambda}\right)$$

resultierende Welle:

$$s = s_1 + s_2 = 2 s_{\max} \cos \frac{\pi \Delta x}{\lambda} \sin \left[2\pi \left(f t - \frac{x}{\lambda}\right) - \frac{\pi \Delta x}{\lambda}\right]$$

Dabei bedeuten:
Δx = Gangunterschied der Einzelwellen,
sonst siehe 1.41.

Gesetzliche Einheiten:
siehe 1.41

1.43 Stehende Wellen

Einzelwellen:

$$s_1 = s_{\max} \sin 2\pi \left(f t - \frac{x}{\lambda}\right) \quad \text{und} \quad s_2 = s_{\max} \sin 2\pi \left(f t + \frac{x}{\lambda}\right)$$

stehende Welle:

$$s = s_1 + s_2 = 2 s_{\max} \cos \frac{2\pi x}{\lambda} \sin \omega t$$

Dabei bedeuten:
siehe 1.41.

Gesetzliche Einheiten:
siehe 1.41

1.44 SNELLIUS-Brechungsgesetz

$$\frac{\sin\alpha}{\sin\beta} = \frac{c_1}{c_2} = n_{2,1}$$

Ferner gilt:

$$n_{1,2} = \frac{c_2}{c_1} = \frac{1}{n_{2,1}}, \quad \frac{c_1}{c_2} = \frac{\lambda_1}{\lambda_2} = n_{2,1}, \quad f_1 = f_2 = f$$

Dabei bedeuten:
α = Einfallswinkel,
β = Brechungswinkel,
c_1 = Ausbreitungsgeschwindigkeit der Welle im ersten Medium,
c_2 = Ausbreitungsgeschwindigkeit der Welle im zweiten Medium,
λ_1 = Wellenlänge im ersten Medium,
λ_2 = Wellenlänge im zweiten Medium,
f_1 = Frequenz im ersten Medium,
f_2 = Frequenz im zweiten Medium,
$n_{1,2}$ = Brechungszahl des ersten Mediums gegenüber dem zweiten Medium,
$n_{2,1}$ = Brechungszahl des zweiten Mediums gegenüber dem ersten Medium.

Gesetzliche Einheiten:
$[\alpha] = 1^\circ = \frac{\pi}{180}$ rad
$[\beta] = 1^\circ = \frac{\pi}{180}$ rad
$[n_{1,2}] = 1$
$[n_{2,1}] = 1$
sonst siehe 1.39

1.45 DOPPLER-Prinzip

a) Der Beobachter ruht relativ zum Medium der Wellenausbreitung, und der Wellenerreger bewegt sich in Bezug auf das Wellen ausbreitende Medium mit der konstanten Geschwindigkeit v

auf den Beobachter zu

$$f' = \frac{f}{1 - \frac{v}{c}}$$

von dem Beobachter weg

$$f'' = \frac{f}{1 + \frac{v}{c}}$$

b) Der Wellenerreger ruht relativ zum Medium der Wellenausbreitung, und der Beobachter bewegt sich in Bezug auf das Wellen ausbreitende Medium mit der konstanten Geschwindigkeit v

auf den Wellenerreger zu

$$f' = f\left(1 + \frac{v}{c}\right)$$

von dem Wellenerreger weg

$$f'' = f\left(1 - \frac{v}{c}\right)$$

Dabei bedeuten:
f' und f'' = beobachtete Frequenzen,
f = vom Wellenerreger ausgesandte Frequenz,
c = Ausbreitungsgeschwindigkeit der Welle.

Gesetzliche Einheiten:
siehe 1.39

1.46 Mechanische Spannung

Normal-, Zug- oder Druckspannung:

$$\sigma_n = \frac{\Delta F_n}{\Delta A}$$

Tangential- oder Schubspannung:

$$\sigma_t = \frac{\Delta F_t}{\Delta A}$$

Dabei bedeuten:
σ_n = Normalspannung,
σ_t = Tangentialspannung,
ΔF_n = Kraft senkrecht zum Flächenelement ΔA,
ΔF_t = Kraft in der Ebene des Flächenelementes ΔA.

Gesetzliche Einheiten:
$[\sigma_n] = [\sigma_t] = 1$ Pa
$[\Delta F_n] = [\Delta F_t] = 1$ N
$[\Delta A] = 1\ m^2$

1.47 Elastische Dehnung

$$\varepsilon = \frac{\Delta l}{l}$$

Dabei bedeuten:
ε = elastische Dehnung,
l = Länge eines Stabes oder Drahtes,
Δl = Längenänderung des Stabes oder Drahtes.

Gesetzliche Einheiten:
$[\varepsilon] = 1$
$[l] = 1$ m

1.48 HOOKE-Gesetz

für die longitudinale elastische Dehnung:

$$\varepsilon = \frac{1}{E}\sigma_n = \alpha\sigma_n$$

für die elastische Scherung:

$$\vartheta = \frac{1}{G}\sigma_t = \beta\sigma_t$$

Dabei bedeuten:
ε = elastische Dehnung,
E = Elastizitätsmodul oder Dehnungsmodul,
α = Elastizitätskonstante oder Dehnungskonstante,
ϑ = Scherungswinkel,
G = Scherungsmodul oder Schubmodul,
β = Schubkoeffizient oder Schubzahl.

Gesetzliche Einheiten:
$[\varepsilon] = 1$
$[E] = 1$ Pa
$[\alpha] = 1\ Pa^{-1}$
$[\vartheta] = 1$
$[G] = 1$ Pa
$[\beta] = 1\ Pa^{-1}$

1.49 Elastische Torsion eines Rundstabes oder eines Drahtes

$$\varphi = \frac{1}{G} \cdot \frac{2Ml}{\pi r^4} = \frac{M}{D_r}$$

Dabei bedeuten:
φ = Torsionswinkel,
G = Torsions- oder Verdrillungsmodul,
M = wirkendes Drehmoment,
l = Länge des Stabes oder Drahtes,
r = Radius des Stabes oder Drahtes,
$D_r = \frac{\pi r^4 G}{2l}$ = Richtmoment der Winkelrichtgröße.

Gesetzliche Einheiten:
$[\varphi] = 1\ \text{rad} = \frac{1\ \text{m}}{1\ \text{m}} = 1$
$[G] = 1$ Pa
$[M] = 1$ Nm
$[l] = 1$ m
$[r] = 1$ m
$[D_r] = 1\ Pa\ m^3$

1.50 Torsionspendel

$$T = 2\pi \sqrt{\frac{J}{D_r}}$$

Dabei bedeuten:
T = Schwingungszeit,
J = Trägheitsmoment des schwingenden Körpers in Bezug auf die Drehachse,
D_r = Richtmoment der Winkelgröße.

Gesetzliche Einheiten:
$[T] = 1$ s
$[J] = 1$ kg m^2
$[D_r] = 1$ Pa m^3

1.51 Druck

$$p = \frac{F_n}{A}$$

Dabei bedeuten:
p = Druck,
F_n = Kraft senkrecht zur gedrückten Fläche A.

Gesetzliche Einheiten:
$[p] = 1$ Pa
$[F_n] = 1$ N
$[A] = 1$ m^2

1.52 Schweredruck bei ruhenden Flüssigkeiten

$$p_h = \rho\, g\, h + p_L$$

Dabei bedeuten:
p_h = Schweredruck der Flüssigkeit,
ρ = Dichte der Flüssigkeit,
g = Fallbeschleunigung,
h = Höhe der Flüssigkeitssäule,
p_L = Luftdruck.

Gesetzliche Einheiten:
$[p] = 1$ Pa
$[\rho] = 1$ kg m^{-3}
$[g] = 1$ m s^{-2}
$[h] = 1$ m

1.53 Oberflächenspannung oder spezifische Oberflächenenergie

$$\sigma_O = \frac{\Delta W}{\Delta A}$$

Dabei bedeuten:
σ_O = Oberflächenspannung,
ΔW = Arbeit, die zur Vergrößerung der Oberfläche um den Betrag ΔA aufgewendet werden muss.

Gesetzliche Einheiten:
$[\sigma_O] = 1$ J m^{-2} = 1 N m^{-1}
$[\Delta W] = 1$ J
$[\Delta A] = 1$ m^2

1.54 Kapillarer Anstieg und kapillare Depression

$$h = \frac{2\sigma_O}{r\rho\, g}$$

Dabei bedeuten:
h = kapillarer Anstieg oder kapillare Depression,
σ_O = Oberflächenspannung,
r = Radius der Kapillare,
ρ = Dichte der Flüssigkeit,
g = Fallbeschleunigung.

Gesetzliche Einheiten:
$[h] = 1$ m
$[\sigma_O] = 1$ N m^{-1}
$[r] = 1$ m
$[\rho] = 1$ kg m^{-3}
$[g] = 1$ m s^{-2}

1.55 BERNOULLI-Strömungsgleichung

$$p + \frac{1}{2}\rho v^2 = p_0 = \text{const}$$

Dabei bedeuten:
p_0 = Druck der ruhenden Flüssigkeit,
p = Druck der bewegten Flüssigkeit,
ρ = Dichte der Flüssigkeit,
v = Geschwindigkeit der Flüssigkeit.

Gesetzliche Einheiten:
$[p] = 1\ \text{Pa}$
$[\rho] = 1\ \text{kg}\,\text{m}^{-3}$
$[v] = 1\ \text{m}\,\text{s}^{-1}$

1.56 STOKES-Gesetz

$$F = 6\pi\,\eta\,r\,v$$

Dabei bedeuten:
F = Kraft, die auf eine durch eine Flüssigkeit oder ein Gas bewegte Kugel ausgeübt wird,
r = Radius der Kugel,
v = konstante Geschwindigkeit der Kugel,
η = dynamische Viskosität der Flüssigkeit oder des Gases.

Gesetzliche Einheiten:
$[F] = 1\ \text{N}$
$[r] = 1\ \text{m}$
$[v] = 1\ \text{m}\,\text{s}^{-1}$
$[\eta] = 1\ \text{kg}\,\text{m}^{-1}\,\text{s}^{-1}$

1.57 BOYLE-MARIOTTE-Gesetz

$$pV = \text{const} = \frac{2}{3}N\overline{W}_\text{k}$$

Dabei bedeuten:
p = Druck des Gases,
V = Volumen des Gases,
N = Gesamtzahl der vorhandenen Gasteilchen,
$\overline{W}_\text{k}$ = mittlere kinetische Translationsenergie der Gasteilchen.

Gesetzliche Einheiten:
$[p] = 1\ \text{Pa}$
$[V] = 1\ \text{m}^3$
$[N] = 1$
$[\overline{W}_\text{k}] = 1\ \text{J}$

1.58 Barometrische Höhenformel

$$p = p_0 \text{e}^{-\frac{\rho_0 g}{p_0}\cdot h} \quad \text{oder} \quad h = 18400\ \text{m} \cdot \lg\frac{p_0}{p}$$

Dabei bedeuten:
h = Höhe,
p = Luftdruck in der Höhe h,
p_0 = Luftdruck in der Höhe $h = 0$,
ρ_0 = Dichte der Luft in der Höhe $h = 0$,
g = Fallbeschleunigung.

Gesetzliche Einheiten:
$[h] = 1\ \text{m}$
$[p] = 1\ \text{Pa}$
$[\rho] = 1\ \text{kg}\,\text{m}^{-3}$
$[g] = 1\ \text{m}\,\text{s}^{-2}$

2 Wärme

2.1 Zusammenhang zwischen der absoluten Temperatur und der CELSIUS-Temperatur

$$T = 1\frac{\text{K}}{°\text{C}} \cdot \vartheta + 273{,}15\ \text{K} \quad \text{und} \quad \vartheta = 1\frac{°\text{C}}{\text{K}}(T - 273{,}15\ \text{K})$$

$$T_2 - T_1 = \vartheta_2 - \vartheta_1$$

Dabei bedeuten:
T = absolute Temperatur,
ϑ = CELSIUS-Temperatur.

Gesetzliche Einheiten:
$[T] = 1\ \text{K}$
$[\vartheta] = 1\ °\text{C}$

2.2 Thermische Längenausdehnung fester Körper

$$l_\vartheta = l_0 \cdot (1 + \alpha \vartheta)$$

Dabei bedeuten:
l_ϑ = Länge bei der Temperatur ϑ,
l_0 = Länge bei der Temperatur 0 °C,
α = Längenausdehnungszahl.

Gesetzliche Einheiten:
$[l] = 1\ \text{m}$
$[\vartheta] = 1\ °\text{C}$
$[\alpha] = 1\ °\text{C}^{-1}$

2.3 Thermische Volumenausdehnung fester und flüssiger Körper

$$V_\vartheta = V_0(1 + \beta \vartheta); \quad \beta = 3\alpha$$

Dabei bedeuten:
V_ϑ = Volumen bei der Temperatur ϑ,
V_0 = Volumen bei der Temperatur 0 °C,
β = Raumausdehnungszahl,
α = Längenausdehnungszahl.

Gesetzliche Einheiten:
$[V] = 1\ \text{m}^3$
$[\vartheta] = 1\ °\text{C}$
$[\beta] = 1\ °\text{C}^{-1}$
$[\alpha] = 1\ °\text{C}^{-1}$

2.4 Dichteänderung fester und flüssiger Körper bei Erwärmung

$$\rho_\vartheta = \frac{\rho_0}{1 + \beta \vartheta} \approx \rho_0(1 - \beta \vartheta)$$

Dabei bedeuten:
ρ_ϑ = Dichte bei der Temperatur ϑ,
ρ_0 = Dichte bei der Temperatur 0 °C,
β = Raumausdehnungszahl.

Gesetzliche Einheiten:
$[\rho] = 1\ \text{kg}\,\text{m}^{-3}$
$[\vartheta] = 1\ °\text{C}$
$[\beta] = 1\ °\text{C}^{-1}$

2.5 Gasgesetze

a) GAY-LUSSAC-Gesetz, erster Teil:

$$V_\vartheta = V_0 \left(1 + \frac{1}{273{,}15\ °\text{C}} \vartheta\right) \quad \text{bei} \quad p = \text{const}$$

b) GAY-LUSSAC-Gesetz, zweiter Teil, oder AMONTONS-Gesetz:

$$p_\vartheta = p_0 \left(1 + \frac{1}{273{,}15\ °\text{C}} \vartheta\right) \quad \text{bei} \quad V = \text{const}$$

c) allgemeine Gasgleichung:

$$\frac{p_1 V_1}{T_1} = \frac{p_2 V_2}{T_2} \quad \text{oder} \quad \frac{pV}{T} = \text{const}$$

Dabei bedeuten:
V_ϑ = Volumen bei der Temperatur ϑ,
V_0 = Volumen bei der Temperatur 0 °C,
p_ϑ = Druck bei der Temperatur ϑ,
p_0 = Druck bei der Temperatur 0 °C,
V_1 und p_1 = Volumen und Druck bei der Temperatur T_1,
V_2 und p_2 = Volumen und Druck bei der Temperatur T_2.

Gesetzliche Einheiten:
$[V] = 1\ \text{m}^3$
$[p] = 1\ \text{Pa}$
$[\vartheta] = 1\ °\text{C}$
$[T] = 1\ \text{K}$

2.6 Molare Masse und Molmasse

$$M_{\text{molar}} = \frac{m}{n}$$

Dabei bedeuten:
M_{molar} = molare Masse,
m = Masse,
n = Stoffmenge.

Gesetzliche Einheiten:
$[M_{\text{molar}}] = 1\ \text{kg mol}^{-1}$
$[m] = 1\ \text{kg}$
$[n] = 1\ \text{mol}$

2.7 Molares Volumen und Molvolumen

$$V_{\text{molar}} = \frac{V}{n}$$

Dabei bedeuten:
V_{molar} = molares Volumen,
V = Volumen,
n = Stoffmenge.

Gesetzliche Einheiten:
$[V_{\text{molar}}] = 1\ \text{m}^3\ \text{mol}^{-1}$
$[m] = 1\ \text{m}^3$
$[n] = 1\ \text{mol}$

Für alle hinreichend idealen Gase gilt unter Normalbedingungen, d. h. für $\vartheta_0 = 0\ °\text{C}$ oder $T_0 = 273{,}15\ \text{K}$ und $p_0 = 1{,}01325 \cdot 10^5\ \text{Pa}$:

$$V_{\text{molar}} = 0{,}022414\ \text{m}^3\ \text{mol}^{-1} = 22414\ \text{cm}^3\ \text{mol}^{-1}$$

2.8 AVOGADRO-Konstante

$$N_{\text{A}} = \frac{N}{n} = \frac{M_{\text{molar}}}{\mu} = 6{,}022 \cdot 10^{23}\ \text{mol}^{-1}$$

Dabei bedeuten:
N_{A} = AVOGADRO-Konstante,
N = Anzahl der Teilchen in einer bestimmten Gasmenge,
n = Stoffmenge,
M_{molar} = molare Masse,
μ = Masse des einzelnen Teilchens.

Gesetzliche Einheiten:
$[N_{\text{A}}] = 1\ \text{mol}^{-1}$
$[N] = 1$
$[n] = 1\ \text{mol}$
$[M_{\text{molar}}] = 1\ \text{kg mol}^{-1}$
$[\mu] = 1\ \text{kg}$

2.9 Universelle Gasgleichung

$$pV = nRT \quad \text{oder} \quad pV = kNT$$

Dabei bedeuten:
p = Druck des Gases,
V = Volumen des Gases,
n = Stoffmenge des Gases,
R = universelle Gaskonstante,
T = absolute Temperatur,
N = Anzahl der in dem Volumen V enthaltenen Gasteilchen,
$k = \frac{R}{N_{\text{A}}}$ = BOLTZMANN-Konstante.

Gesetzliche Einheiten:
$[p] = 1\ \text{Pa}$
$[V] = 1\ \text{m}^3$
$[n] = 1\ \text{mol}$
$[R] = 1\ \text{J K}^{-1}\ \text{mol}^{-1}$
$[T] = 1\ \text{K}$
$[N] = 1$
$[k] = 1\ \text{J K}^{-1}$
$[N_{\text{A}}] = 1\ \text{mol}^{-1}$

2.10 Kinetische Translationsenergie bei einem hinreichend idealen Gas

$$W_{\text{k}} = \frac{3}{2} nRT$$

Dabei bedeuten:
W_{k} = kinetische Energie,
n = Stoffmenge,
R = universelle Gaskonstante,
T = absolute Temperatur.

Gesetzliche Einheiten:
$[W_{\text{k}}] = 1\ \text{J}$
$[n] = 1\ \text{mol}$
$[R] = 1\ \text{J K}^{-1}\ \text{mol}^{-1}$
$[T] = 1\ \text{K}$

2.11 Mittlere kinetische Translationsenergie eines Teilchens bei hinreichend idealen Gasen

$$\overline{W}_k = \frac{3R}{2N_A} T = \frac{3}{2} kT$$

Dabei bedeuten:
siehe 2.8 und 2.9.

Gesetzliche Einheiten:
siehe 2.8 und 2.9

2.12 Gesamter Energieinhalt eines Gases

$$W_{ges} = \frac{z}{2} nRT$$

Dabei bedeuten:
z = Freiheitsgrade der Bewegung,
z = 3 für einatomige Gase,
z = 5 für zweiatomige Gase,
z = 6 für drei- und mehratomige Gase,
sonst wie 2.10.

Gesetzliche Einheiten:
$[z] = 1$
sonst wie 2.10

2.13 Wärmekapazität eines homogenen Körpers

$$C = \frac{\Delta Q}{\Delta T}$$

Dabei bedeuten:
C = Wärmekapazität,
ΔQ = zugeführte Wärmemenge,
ΔT = auftretende Temperaturerhöhung.

Gesetzliche Einheiten:
$[C] = 1\,\mathrm{J\,K^{-1}}$
$[\Delta Q] = 1\,\mathrm{J}$
$[\Delta T] = 1\,\mathrm{K}$

2.14 Spezifische Wärmekapazität eines homogenen Körpers

$$c = \frac{\Delta Q}{m \cdot \Delta T}$$

Dabei bedeuten:
c = spezifische Wärmekapazität,
ΔQ = zugeführte Wärmemenge,
ΔT = auftretende Temperaturerhöhung,
m = Masse des erwärmten Stoffes.

Gesetzliche Einheiten:
$[c] = 1\,\mathrm{J\,kg^{-1}\,K^{-1}}$
$[\Delta Q] = 1\,\mathrm{J}$
$[\Delta T] = 1\,\mathrm{K}$
$[m] = 1\,\mathrm{kg}$

2.15 Molare Wärmekapazität bei hinreichend idealen Gasen

$$C_{\text{molar,v}} = \frac{3}{2} R \approx 12{,}5\,\mathrm{J\,K^{-1}\,mol^{-1}} \quad \text{und} \quad C_{\text{molar,p}} = \frac{5}{2} R \approx 20{,}8\,\mathrm{J\,K^{-1}\,mol^{-1}}$$

$$C_{\text{molar,p}} - C_{\text{molar,v}} = R$$

Dabei bedeuten:
$C_{\text{molar,v}}$ = molare Wärmekapazität bei konstantem Volumen,
$C_{\text{molar,p}}$ = molare Wärmekapazität bei konstantem Druck,
R = universelle Gaskonstante.

Gesetzliche Einheiten:
$[C_{\text{molar}}] = 1\,\mathrm{J\,K^{-1}\,mol^{-1}}$
$[R] = 1\,\mathrm{J\,K^{-1}\,mol^{-1}}$

2.16 Schmelzwärme

$$c_{\mathrm{Schm}} = \frac{Q_{\mathrm{Schm}}}{m} \quad \text{und} \quad C_{\mathrm{molar,Schm}} = \frac{Q_{\mathrm{Schm}}}{n}$$

Dabei bedeuten:
c_{Schm} = spezifische Schmelzwärme,
$C_{\mathrm{molar,Schm}}$ = molare Schmelzwärme,
Q_{Schm} = zugeführte Wärmemenge,
m = aus dem festen in den flüssigen Aggregatzustand ohne Temperaturerhöhung überführte Masse,
n = aus dem festen in den flüssigen Aggregatzustand ohne Temperaturerhöhung überführte Stoffmenge.

Gesetzliche Einheiten:
$[c_{\mathrm{Schm}}] = 1\ \mathrm{J\,kg^{-1}}$
$[C_{\mathrm{molar,Schm}}] = 1\ \mathrm{J\,mol^{-1}}$
$[Q_{\mathrm{Schm}}] = 1\ \mathrm{J}$
$[m] = 1\ \mathrm{kg}$
$[n] = 1\ \mathrm{mol}$

2.17 Verdampfungswärme

$$c_{\mathrm{Verd}} = \frac{Q_{\mathrm{Verd}}}{m} \quad \text{und} \quad C_{\mathrm{molar,Verd}} = \frac{Q_{\mathrm{Verd}}}{n}$$

Dabei bedeuten:
c_{Verd} = spezifische Verdampfungswärme,
$C_{\mathrm{molar,Verd}}$ = molare Verdampfungswärme,
Q_{Verd} = zugeführte Wärmemenge,
m = aus dem flüssigen in den gasförmigen Aggregatzustand ohne Temperaturerhöhung übergeführte Masse,
n = aus dem flüssigen in den gasförmigen Aggregatzustand ohne Temperaturerhöhung übergeführte Stoffmenge.

Gesetzliche Einheiten:
siehe 2.16

2.18 Erster Hauptsatz der Wärmelehre

$$\Delta U = \Delta Q + \Delta W$$

Dabei bedeuten:
ΔU = Zunahme der inneren Energie eines Systems,
ΔQ = dem System von außen zugeführte Wärmemenge,
ΔW = dem System von außen zugeführte Arbeit.

Gesetzliche Einheiten:
$[\Delta U] = 1\ \mathrm{J}$
$[\Delta Q] = 1\ \mathrm{J}$
$[\Delta W] = 1\ \mathrm{J}$

2.19 POISSON-Gesetz für adiabatische Zustandsänderungen

$$pV^{\kappa} = \mathrm{const} \quad \text{oder} \quad \frac{T^{\kappa}}{p^{\kappa-1}} = \mathrm{const}$$

$$\kappa = \frac{C_{\mathrm{p}}}{C_{\mathrm{V}}}$$

Dabei bedeuten:
p = Druck des Gases,
V = Volumen des Gases,
T = absolute Temperatur des Gases,
C_{p} = Wärmekapazität des Gases bei konstantem Druck,
C_{V} = Wärmekapazität des Gases bei konstantem Volumen.

Gesetzliche Einheiten:
$[p] = 1\ \mathrm{Pa}$
$[V] = 1\ \mathrm{m^3}$
$[T] = 1\ \mathrm{K}$
$[C_{\mathrm{p}}] = 1\ \mathrm{J\,K^{-1}}$
$[C_{\mathrm{V}}] = 1\ \mathrm{J\,K^{-1}}$
$[\kappa] = 1$

2.20 Thermodynamischer Wirkungsgrad einer idealen, reversibel arbeitenden Maschine

$$\eta = \frac{W}{Q_1} = \frac{Q_1 - Q_2}{Q_1} = \frac{T_1 - T_2}{T_1} = 1 - \frac{T_2}{T_1}$$

Dabei bedeuten:
η = thermodynamischer Wirkungsgrad,
Q_1 = Wärmemenge, die bei der Temperatur T_1 zugeführt wird,
Q_2 = Wärmemenge, die bei der Temperatur T_2 zurück bleibt,
W = gewonnene mechanische Arbeit.

Gesetzliche Einheiten:
$[\eta] = 1$
$[Q] = 1\,\mathrm{J}$
$[T] = 1\,\mathrm{K}$
$[W] = 1\,\mathrm{J}$

3 Elektrizität und Magnetismus

3.1 Definition des elektrischen Widerstandes und OHM-Gesetz

$$R = \frac{U}{I} \quad \text{oder} \quad G = \frac{I}{U}$$

Dabei bedeuten:
R = elektrischer Widerstand,
U = elektrische Spannung,
I = elektrische Stromstärke,
G = elektrischer Leitwert.

Gesetzliche Einheiten:
$[R] = 1\,\Omega$
$[U] = 1\,\mathrm{V}$
$[I] = 1\,\mathrm{A}$
$[G] = 1\,\mathrm{S}$

Für metallische Leiter gilt bei konstanter Temperatur:

$$R = \text{const} \quad \text{und} \quad G = \text{const}$$

3.2 Elektrischer Widerstand eines Drahtes

$$R = \rho \frac{l}{A}$$

Dabei bedeuten:
R = elektrischer Widerstand des Drahtes,
ρ = spezifischer elektrischer Widerstand,
l = Länge des Drahtes,
A = Querschnitt des Drahtes.

Gesetzliche Einheiten:
$[R] = 1\,\Omega$
$[\rho] = 1\,\Omega\,\mathrm{m}$
$[l] = 1\,\mathrm{m}$
$[A] = 1\,\mathrm{m}^2$

3.3 Temperaturabhängigkeit des Widerstandes bei metallischen Leitern

$$\rho = \rho_0(1 + \alpha\vartheta), \quad R = R_0(1 + \alpha\vartheta), \quad \alpha \approx \frac{1}{273}\,\mathrm{K}^{-1}$$

Dabei bedeuten:
ρ_ϑ = spezifischer Widerstand bei der Temperatur ϑ,
ρ_0 = spezifischer Widerstand bei der Temperatur 0 °C,
R_ϑ = Widerstand bei der Temperatur ϑ,
R_0 = Widerstand bei der Temperatur 0 °C,
α = Temperaturkoeffizient des Materials.

Gesetzliche Einheiten:
$[\alpha] = 1\,\mathrm{K}^{-1}$
sonst siehe 3.2

3.4 Schaltung von Widerständen

Reihen- oder Hintereinanderschaltung:

$$R_{ges} = R_1 + R_2 + \cdots + R_n$$
$$U_{ges} = U_1 + U_2 + \cdots + U_n$$
$$U_1 = I_1 R_1,$$
$$U_2 = I_2 R_2, \quad \ldots, \quad U_n = I_n R_n$$
$$I_{ges} = I_1 = I_2 = \cdots = I_n$$
$$U_1 : U_2 : \cdots : U_n = R_1 : R_2 : \cdots : R_n$$

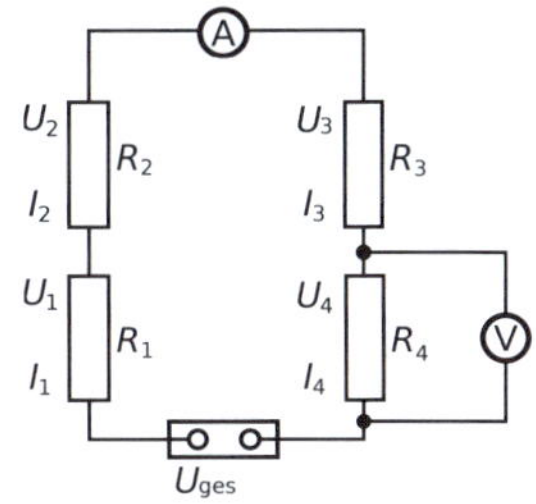

Abb. 3.4a

Parallel- oder Nebeneinanderschaltung:

$$\frac{1}{R_{ges}} = \frac{1}{R_1} + \frac{1}{R_2} + \cdots + \frac{1}{R_n}$$
$$G_{ges} = G_1 + G_2 + \cdots + G_n$$
$$U_{ges} = U_1 = U_2 = \cdots = U_n$$
$$I_1 = \frac{U_1}{R_1}, \quad I_2 = \frac{U_2}{R_2}, \quad \ldots, \quad I_n = \frac{U_n}{R_n}$$
$$I_{ges} = I_1 + I_2 + \cdots + I_n$$

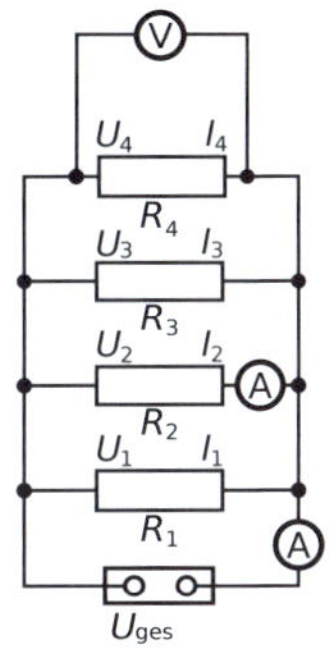

Abb. 3.4b

Dabei bedeuten:
R_{ges} = Gesamtwiderstand,
$R_1, R_2, \ldots, R_n$ = Einzelwiderstände,
G_{ges} = Gesamtleitwert,
$G_1, G_2, \ldots, G_n$ = Einzelleitwerte,
U_{ges} = angelegte Spannung,
$U_1, U_2, \ldots, U_n$ = Teilspannungen an den Widerständen $R_1, R_2, \ldots, R_n$,
I_{ges} = Gesamtstromstärke,
$I_1, I_2, \ldots, I_n$ = Stromstärken in den Widerständen $R_1, R_2, \ldots, R_n$.

Gesetzliche Einheiten:
$[R] = 1\,\Omega$
$[U] = 1$ V
$[I] = 1$ A
$[G] = 1$ S

3.5 Potenziometer- oder Spannungsteilerschaltung

$$\frac{U_1}{U_{1,2}} = \frac{R_1}{R_1 + R_2} \quad \text{oder} \quad U_1 = U_{1,2}\frac{R_1}{R_1 + R_2}$$

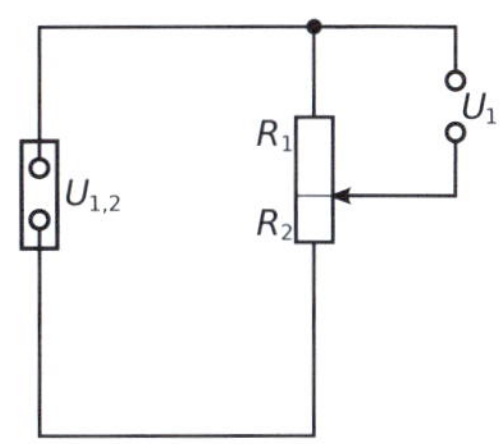

Abb. 3.5

Dabei bedeuten:
$U_{1,2}$ = Spannung an dem Widerstand $R_1 + R_2$,
U_1 = Teilspannung an dem Widerstand R_1.

Gesetzliche Einheiten:
$[U] = 1$ V
$[R] = 1\,\Omega$

3.6 Quellenspannung und Klemmenspannung

$$U_{Kl} = U_q - R_i I$$

Dabei bedeuten:
U_{Kl} = Klemmenspannung,
q_q = Quellenspannung,
I = Stromstärke in einem Verbraucher,
R_i = innerer Widerstand.

Gesetzliche Einheiten:
$[U] = 1$ V
$[R] = 1\,\Omega$
$[I] = 1$ A

3.7 Stromquellen in einem Stromkreis

$$I = \frac{U_q}{R_a + R_i}, \quad U_q = U_a + U_i, \quad U_a = U_q \frac{R_a}{R_a + R_i}, \quad U_i = U_q \frac{R_i}{R_a + R_i},$$

Dabei bedeuten:
R_a = äußerer Widerstand,
R_i = innerer Widerstand,
U_q = Quellenspannung,
U_a = äußere Spannung,
U_i = innere Spannung,
I = Stromstärke.

Gesetzliche Einheiten:
siehe 3.6

3.8 Schaltungen von gleichen Stromquellen

Reihen- oder Hintereinanderschaltung:

$$U_{ges} = n\,U_q, \quad I = \frac{n\,U_q}{R_a + n\,R_i}$$

Parallel- oder Nebeneinanderschaltung:

$$U_{ges} = U_q, \quad I = \frac{U_q}{R_a + \frac{1}{n} R_i}$$

Dabei bedeuten:
U_{ges} = Gesamtspannung,
U_q = Quellenspannung,
R_a = äußerer Widerstand,
R_i = innerer Widerstand,
I = Stromstärke,
n = Anzahl der Stromquellen.

Gesetzliche Einheiten:
siehe 3.6

3.9 Arbeit des elektrischen Stromes

$$W_{El} = U\,I\,t = I^2 R\,t = \frac{U^2}{R}\,t$$

Dabei bedeuten:
W_{El} = elektrische Arbeit,
t = Zeit,
sonst siehe 3.1.

Gesetzliche Einheiten:
$[W_{El}] = 1$ J
$[t] = 1$ s
sonst siehe 3.1

3.10 Leistung des elektrischen Stromes

$$P_{El} = \frac{W_{El}}{t} = U\,I = I^2 R = \frac{U^2}{R}$$

Dabei bedeuten:
P_{El} = elektrische Leistung,
sonst siehe 3.1 und 3.9.

Gesetzliche Einheiten:
$[P_{El}] = 1$ J
sonst siehe 3.1 und 3.9

3.11 Elektrische Ladung

$$Q = I\,t$$

Dabei bedeuten:
Q = in der Zeit t durch einen beliebigen Querschnitt der Strombahn transportierte Ladung,
I = Stromstärke,
t = Zeit.

Gesetzliche Einheiten:
$[Q] = 1\,\mathrm{C}$
$[I] = 1\,\mathrm{A}$
$[t] = 1\,\mathrm{s}$

3.12 Elektrische Flächenladungsdichte

$$\sigma_e = \frac{\Delta Q}{\Delta A}$$

Dabei bedeuten:
σ_e = elektrische Flächenladungsdichte,
ΔQ = auf der Fläche ΔA gleichmäßig verteilte elektrische Ladung.

Gesetzliche Einheiten:
$[\sigma_e] = 1\,\mathrm{C\,m^{-2}}$
$[\Delta Q] = 1\,\mathrm{C}$
$[\Delta A] = 1\,\mathrm{m^2}$

3.13 Elektrische Raumladungsdichte

$$\rho_e = \frac{\Delta Q}{\Delta V}$$

Dabei bedeuten:
ρ_e = elektrische Raumladungsdichte,
ΔQ = in dem Raum ΔV gleichmäßig verteilte elektrische Ladung.

Gesetzliche Einheiten:
$[\rho_e] = 1\,\mathrm{C\,m^{-3}}$
$[\Delta Q] = 1\,\mathrm{C}$
$[\Delta V] = 1\,\mathrm{m^3}$

3.14 COULOMB-Gesetz für elektrische Punktladungen

in einem materiefreien Raum:

$$\vec{F} = \frac{1}{4\pi\varepsilon_0} \cdot \frac{Q_1 Q_2}{r^3}\vec{r} \quad \text{oder} \quad F = \frac{1}{4\pi\varepsilon_0} \cdot \frac{Q_1 Q_2}{r^2}$$

Vektorgleichung — Betragsgleichung

in einem mit einem Dielektrikum erfüllten Raum:

$$\vec{F} = \frac{1}{4\pi\varepsilon_0\varepsilon_r} \cdot \frac{Q_1 Q_2}{r^3}\vec{r} \quad \text{oder} \quad F = \frac{1}{4\pi\varepsilon_0\varepsilon_r} \cdot \frac{Q_1 Q_2}{r^2}$$

Vektorgleichung — Betragsgleichung

Dabei bedeuten:
$\vec{F}$ = Kraft zwischen den Punktladungen Q_1 und Q_2,
$\vec{r}$ = Abstand der Punktladungen,
ε_0 = elektrische Feldkonstante = $8{,}85 \cdot 10^{-12}\,\frac{\mathrm{A\,s}}{\mathrm{V\,m}}$,
ε_r = Dielektrizitätszahl des Dielektrikums.

Gesetzliche Einheiten:
$[F] = 1\,\mathrm{N}$
$[Q] = 1\,\mathrm{C}$
$[r] = 1\,\mathrm{m}$
$[\varepsilon_0] = 1\,\mathrm{A\,s\,V^{-1}\,m^{-1}}$
$[\varepsilon_r] = 1$

3.15 Elektrische Feldstärke

$$\vec{E} = \frac{\vec{F}}{Q} \quad \text{oder} \quad E = \frac{F}{Q}$$

Vektorgleichung — Betragsgleichung

Dabei bedeuten:
$\vec{E}$ = elektrische Feldstärke,
$\vec{F}$ = die auf die Ladung Q ausgeübte Kraft.

Gesetzliche Einheiten:
$[E] = 1\,\mathrm{N\,C^{-1}} = 1\,\mathrm{V\,m^{-1}}$
$[F] = 1\,\mathrm{N}$
$[Q] = 1\,\mathrm{C}$

3.16 Elektrische Flussdichte oder elektrische Verschiebung

$$\vec{D} = \varepsilon_0 \varepsilon_r \vec{E} \quad \text{oder} \quad D = \varepsilon_0 \varepsilon_r E$$

Vektorgleichung — Betragsgleichung

Dabei bedeuten:
$\vec{D}$ = elektrische Flussdichte,
$\vec{E}$ = elektrische Feldstärke,
ε_0 = elektrische Feldkonstante,
ε_r = Dielektrizitätszahl (für Vakuum und angenähert für Luft ist $\varepsilon_r = 1$).

Gesetzliche Einheiten:
$[D] = 1\,\mathrm{C\,m^{-2}}$
$[E] = 1\,\mathrm{V\,m^{-1}}$
$[\varepsilon_0] = 1\,\mathrm{A\,s\,V^{-1}\,m^{-1}}$
$[\varepsilon_r] = 1$

3.17 Elektrische Feldstärke in der Umgebung einer Punktladung

$$\vec{E} = \frac{1}{4\pi\varepsilon_0\varepsilon_r} \cdot \frac{Q}{r^3}\vec{r} \quad \text{oder} \quad E = \frac{1}{4\pi\varepsilon_0\varepsilon_r} \cdot \frac{Q}{r^2}$$

Vektorgleichung — Betragsgleichung

Dabei bedeuten:
$\vec{E}$ = elektrische Feldstärke,
Q = elektrische Punktladung,
$\vec{r}$ = Abstand des Feldpunktes von der Punktladung,
ε_0 = elektrische Feldkonstante,
ε_r = Dielektrizitätszahl (für Vakuum und angenähert für Luft ist $\varepsilon_r = 1$).

Gesetzliche Einheiten:
$[E] = 1\,\mathrm{V\,m^{-1}}$
$[Q] = 1\,\mathrm{C}$
$[r] = 1\,\mathrm{m}$
$[\varepsilon_0] = 1\,\mathrm{A\,s\,V^{-1}\,m^{-1}}$
$[\varepsilon_r] = 1$

3.18 Elektrische Flussdichte in der Umgebung einer Punktladung

$$\vec{D} = \frac{1}{4\pi} \cdot \frac{Q}{r^3}\vec{r} \quad \text{oder} \quad D = \frac{1}{4\pi} \cdot \frac{Q}{r^2}$$

Vektorgleichung — Betragsgleichung

Dabei bedeuten:
siehe 3.16 und 3.17.

Gesetzliche Einheiten:
siehe 3.16 und 3.17

3.19 Elektrische Feldstärke, elektrische Flussdichte und Flächenladungsdichte

$$E = \frac{1}{\varepsilon_0\varepsilon_r} \cdot \frac{\Delta Q}{\Delta A} = \frac{1}{\varepsilon_0\varepsilon_r} \cdot \sigma_e \quad \text{und} \quad D = \frac{\Delta Q}{\Delta A} = \sigma_e$$

Dabei bedeuten:
E = Betrag der elektrischen Feldstärke am Ort von ΔA,
D = Betrag der elektrischen Flussdichte am Ort von ΔA,
ΔQ = auf dem Flächenelement ΔA gleichmäßig verteilte Ladung,
σ_e = Flächenladungsdichte,
ε_0 = elektrische Feldkonstante,
ε_r = Dielektrizitätszahl (für Vakuum und angenähert für Luft ist $\varepsilon_r = 1$).

Gesetzliche Einheiten:
$[E] = 1\,\mathrm{V\,m^{-1}}$
$[D] = 1\,\mathrm{C\,m^{-2}}$
$[\Delta Q] = 1\,\mathrm{C}$
$[\Delta A] = 1\,\mathrm{m^2}$
$[\sigma_e] = 1\,\mathrm{C\,m^{-2}}$
$[\varepsilon_0] = 1\,\mathrm{A\,s\,V^{-1}\,m^{-1}}$
$[\varepsilon_r] = 1$

Der Vektor $\vec{E}$ steht auf dem Flächenelement ΔA senkrecht.

3.20 Elektrisches Potenzial

$$\varphi = \frac{W_{AP}}{Q} = -\sum_{i=1}^{n} \vec{E}_i \cdot \Delta \vec{s}_i$$

Dabei bedeuten:
φ = elektrisches Potenzial in einem Punkte P des Feldes in Bezug auf einen beliebig gewählten Anfangspunkt A,
W_{AP} = Arbeit, die aufgewendet werden muss, um die positive Probeladung Q von A nach P zu bringen,
$\vec{E}_i$ = konstante Feldstärke längs des Wegelementes $\Delta \vec{s}_i$.

Gesetzliche Einheiten:
$[\varphi] = 1\,\mathrm{V}$
$[W] = 1\,\mathrm{J}$
$[Q] = 1\,\mathrm{C}$
$[E] = 1\,\mathrm{V\,m^{-1}}$
$[s] = 1\,\mathrm{m}$

3.21 Elektrisches Potenzial in der Umgebung einer positiven Punktladung

$$\varphi = \frac{1}{4\pi\varepsilon_0\varepsilon_r} \cdot \frac{Q}{r}$$

Dabei bedeuten:
φ = elektrisches Potenzial im Abstand r von der positiven Ladung Q,
ε_0 = elektrische Feldkonstante,
ε_r = Dielektrizitätszahl (für Vakuum und angenähert für Luft ist $\varepsilon_r = 1$).

Gesetzliche Einheiten:
$[\varphi] = 1\,\mathrm{V}$
$[Q] = 1\,\mathrm{C}$
$[r] = 1\,\mathrm{m}$
$[\varepsilon_0] = 1\,\mathrm{A\,s\,V^{-1}\,m^{-1}}$
$[\varepsilon_r] = 1$

3.22 Feldstärke und Potenzial bei einer geladenen Kugeloberfläche

Feldstärke auf der Kugeloberfläche:

$$E = \frac{1}{4\pi\varepsilon_0\varepsilon_r} \cdot \frac{Q}{R^2} = \frac{1}{\varepsilon_0\varepsilon_r} \cdot \sigma_e$$

Feldstärke im Innern der Kugel:

$$E = 0$$

Potenzial auf der Kugeloberfläche und im Innern der Kugel:

$$\varphi = \frac{1}{4\pi\varepsilon_0\varepsilon_r} \cdot \frac{Q}{R}$$

Potenzial im Außenraum der Kugel:

$$\varphi = \frac{1}{4\pi\varepsilon_0\varepsilon_r} \cdot \frac{Q}{r}$$

Dabei bedeuten:
R = Radius der Kugel,
r = Abstand des Raumpunkts vom Kugelmittelpunkt,
Q = Ladung auf der Kugeloberfläche,
σ_e = Flächenladungsdichte,
ε_0 = elektrische Feldkonstante,
ε_r = Dielektrizitätszahl (für Vakuum und angenähert für Luft ist $\varepsilon_r = 1$).

Gesetzliche Einheiten:
$[E] = 1\,\mathrm{V\,m^{-1}}$
$[\varphi] = 1\,\mathrm{V}$
$[R] = 1\,\mathrm{m}$
$[r] = 1\,\mathrm{m}$
$[Q] = 1\,\mathrm{C}$
$[\sigma_e] = 1\,\mathrm{C\,m^{-2}}$
$[\varepsilon_0] = 1\,\mathrm{A\,s\,V^{-1}\,m^{-1}}$
$[\varepsilon_r] = 1$

3.23 Elektrische Spannung

$$U = \varphi_2 - \varphi_1 = \frac{W}{Q}$$

Dabei bedeuten:
U = elektrische Spannung zwischen zwei Punkten P_1 und P_2,
φ_1 = Potenzial im Punkt P_1,
φ_2 = Potenzial im Punkt P_2,
W = Arbeit zum Transport der Ladung Q von P_1 nach P_2.

Gesetzliche Einheiten:
$[U] = 1\ \text{V}$
$[\varphi] = 1\ \text{V}$
$[W] = 1\ \text{J}$
$[Q] = 1\ \text{C}$

$$U = \vec{E} \cdot \vec{s} \quad \text{oder} \quad U = E\,s\cos\alpha$$

Vektorgleichung — Betragsgleichung

Dabei bedeuten:
$\vec{E}$ = konstante elektrische Feldstärke,
$\vec{s}$ = gerader Weg von P_1 nach P_2,
α = Winkel zwischen $\vec{E}$ und $\vec{s}$.

Gesetzliche Einheiten:
$[U] = 1\ \text{V}$
$[E] = 1\ \text{V}\,\text{m}^{-1}$
$[s] = 1\ \text{m}$
$[\alpha] = 1\ \text{rad} = \frac{1\ \text{m}}{1\ \text{m}} = 1$

3.24 Kapazität eines Kondensators

$$C = \frac{Q}{U}$$

Dabei bedeuten:
C = Kapazität des Kondensators,
Q = Ladung des Kondensators,
U = Spannung am Kondensator.

Gesetzliche Einheiten:
$[C] = 1\ \text{F}$
$[Q] = 1\ \text{C}$
$[U] = 1\ \text{V}$

3.25 Kapazität eines Plattenkondensators

$$C = \varepsilon_0 \varepsilon_r \frac{A}{d}$$

Dabei bedeuten:
C = Kapazität des Plattenkondensators,
A = Fläche der Platte,
d = Abstand der Platten,
ε_0 = elektrische Feldkonstante,
ε_r = Dielektrizitätszahl des zwischen den Platten befindlichen Dielektrikums.

Gesetzliche Einheiten:
$[C] = 1\ \text{F}$
$[A] = 1\ \text{m}^2$
$[d] = 1\ \text{m}$
$[\varepsilon_0] = 1\ \text{A}\,\text{s}\,\text{V}^{-1}\,\text{m}^{-1}$
$[\varepsilon_r] = 1$

3.26 Feldstärke des homogenen elektrischen Feldes eines Plattenkondensators

$$E = \frac{U}{d}$$

Dabei bedeuten:
E = Betrag der Feldstärke,
U = Spannung zwischen den Platten des Kondensators,
d = Abstand der Platten.

Gesetzliche Einheiten:
$[E] = 1\ \text{V}\,\text{m}^{-1}$
$[U] = 1\ \text{V}$
$[d] = 1\ \text{m}$

3.27 Kapazität eines Kugelkondensators

$$C = 4\pi\varepsilon_0\varepsilon_r \frac{R_1 R_2}{R_2 - R_1}$$

Dabei bedeuten:
C = Kapazität des Kugelkondensators,
R_1 und R_2 = Radien der beiden konzentrischen Kugeln,
ε_0 = elektrische Feldkonstante,
ε_r = Dielektrizitätszahl des zwischen den Kugelflächen befindlichen Dielektrikums.

Gesetzliche Einheiten:
$[C] = 1$ F
$[R] = 1$ m
$[\varepsilon_0] = 1$ A s V^{-1} m^{-1}
$[\varepsilon_r] = 1$

3.28 Kapazität einer freistehenden Kugel

$$C = 4\pi\varepsilon_0\varepsilon_r R$$

Dabei bedeuten:
C = Kapazität der freistehenden Kugel,
R = Radius der Kugel,
ε_0 = elektrische Feldkonstante,
ε_r = Dielektrizitätszahl des in der Umgebung der Kugel befindlichen Dielektrikums.

Gesetzliche Einheiten:
siehe 3.27

3.29 Schaltung von Kondensatoren

Reihen- oder Hintereinanderschaltung:

$$\frac{1}{C_{ges}} = \frac{1}{C_1} + \frac{1}{C_2} + \cdots + \frac{1}{C_n}$$

$$U_{ges} = U_1 + U_2 + \cdots + U_n$$

$$Q_{ges} = Q_1 = Q_2 = \cdots = Q_n$$

Parallel- oder Nebeneinanderschaltung:

$$C_{ges} = C_1 + C_2 + \cdots + C_n$$

$$U_{ges} = U_1 = U_2 = \cdots = U_n$$

$$Q_{ges} = Q_1 + Q_2 + \cdots + Q_n$$

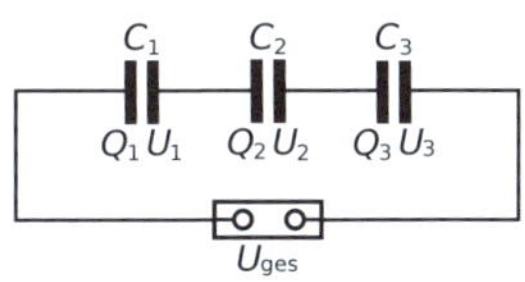

Abb. 3.29a

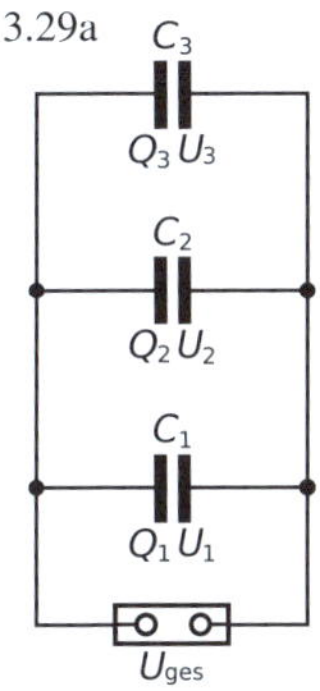

Abb. 3.29b

Dabei bedeuten:
C_{ges} = Gesamtkapazität,
$C_1, C_2, \ldots, C_n$ = Einzelkapazitäten,
Q_{ges} = von dem gesamten System aufgenommene Ladung,
$Q_1, Q_2, \ldots, Q_n$ = von den einzelnen Kondensatoren aufgenommene Ladungen,
U_{ges} = an das gesamte System angelegte Spannung,
$U_1, U_2, \ldots, U_n$ = Spannung an den einzelnen Kondensatoren.

Gesetzliche Einheiten:
$[C] = 1$ F
$[U] = 1$ V
$[Q] = 1$ C

3.30 Energie eines geladenen Kondensators

$$W = \frac{1}{2}CU^2 = \frac{1}{2}QU = \frac{1}{2}\frac{Q^2}{C}$$

Dabei bedeuten:
W = in dem elektrischen Feld des Kondensators gespeicherte Energie,
C = Kapazität des Kondensators,
U = Spannung des Kondensators,
Q = Ladung des Kondensators

Gesetzliche Einheiten:
$[W] = 1\ \mathrm{J}$
$[C] = 1\ \mathrm{F}$
$[U] = 1\ \mathrm{V}$
$[Q] = 1\ \mathrm{C}$

3.31 Energie eines geladenen Plattenkondensators

$$W = \frac{1}{2}\varepsilon_0\varepsilon_r E^2 A\, d = \frac{1}{2}\varepsilon_0\varepsilon_r E^2 V$$

Dabei bedeuten:
W = in dem elektrischen Feld des Kondensators gespeicherte Energie,
E = Betrag der Feldstärke,
A = Fläche einer Platte,
d = Abstand der beiden Platten,
$V = A\,d$ = Volumen des von dem elektrischen Feld erfüllten Raumes zwischen den Kondensatorplatten,
ε_0 = elektrische Feldkonstante,
ε_r = Dielektrizitätszahl des zwischen den Platten befindlichen Dielektrikums.

Gesetzliche Einheiten:
$[W] = 1\ \mathrm{J}$
$[E] = 1\ \mathrm{V\,m^{-1}}$
$[A] = 1\ \mathrm{m^2}$
$[d] = 1\ \mathrm{m}$
$[V] = 1\ \mathrm{m^3}$
$[\varepsilon_0] = 1\ \mathrm{A\,s\,V^{-1}\,m^{-1}}$
$[\varepsilon_r] = 1$

3.32 Kraft zwischen den Platten eines geladenen Kondensators

$$F = \frac{1}{2}\varepsilon_0\varepsilon_r E^2 A = \frac{1}{2}\varepsilon_0\varepsilon_r U^2 \frac{A}{d^2} = \frac{1}{2\varepsilon_0\varepsilon_r A}Q^2 = \frac{W}{d}$$

Dabei bedeuten:
F = anziehende Kraft zwischen den Kondensatorplatten,
sonst siehe 3.30 und 3.31.

Gesetzliche Einheiten:
$[F] = 1\ \mathrm{N}$
sonst siehe 3.30 und 3.31

3.33 Ladung und Entladung eines Kondensators

Ladeverlauf:

$$U_t = U_0\left(1 - \mathrm{e}^{-\frac{t}{RC}}\right),$$

Entladeverlauf:

$$U_t = U_0\,\mathrm{e}^{-\frac{t}{RC}}$$

Dabei bedeuten:
U_t = Spannung am Kondensator zur Zeit t,
U_0 = angelegte Spannung beim Aufladen bzw. Kondensatorspannung beim Beginn der Entladung,
C = Kapazität des Kondensators,
R = Widerstand des Leiterkreises.

Gesetzliche Einheiten:
$[U] = 1\ \mathrm{V}$
$[C] = 1\ \mathrm{F}$
$[R] = 1\ \Omega$
$[t] = 1\ \mathrm{s}$

3.34 Energiedichte eines elektrischen Feldes

$$w_e = \frac{W_e}{V} = \frac{1}{2} E\,D = \frac{1}{2}\varepsilon_0\varepsilon_r E^2 = \frac{1}{2\varepsilon_0\varepsilon_r} D^2$$

Dabei bedeuten:
w_e = Energiedichte des elektrischen Feldes,
W_e = in dem Volumen V des Feldes gespeicherte Energie,
E = elektrische Feldstärke,
D = elektrische Flussdichte,
ε_0 = elektrische Feldkonstante,
ε_r = Dielektrizitätszahl des im Feld enthaltenen Dielektrikums.

Gesetzliche Einheiten:
$[w_e] = 1\ \mathrm{J\,m^{-3}}$
$[W_e] = 1\ \mathrm{J}$
$[V] = 1\ \mathrm{m^3}$
$[E] = 1\ \mathrm{V\,m^{-1}}$
$[D] = 1\ \mathrm{C\,m^{-2}}$
$[\varepsilon_0] = 1\ \mathrm{A\,s\,V^{-1}\,m^{-1}}$
$[\varepsilon_r] = 1$

3.35 Elektrischer Dipol

Dipolmoment:

$$\vec{p} = Q\vec{l} \quad \text{oder} \quad p = Q\,l$$

Vektorgleichung — Betragsgleichung

Dabei bedeuten:
$\vec{p}$ = Dipolmoment,
Q = Betrag der Dipolladungen,
$\vec{l}$ = von $-Q$ nach $+Q$ weisender Vektor

Gesetzliche Einheiten:
$[p] = 1\ \mathrm{C\,m}$
$[Q] = 1\ \mathrm{C}$
$[l] = 1\ \mathrm{m}$

Potenzial eines elektrischen Dipols:

$$\varphi = \frac{1}{4\pi\varepsilon_0\varepsilon_r} \cdot \frac{Q(r_2 - r_1)}{r_1 r_2}$$

Für genügend große Abstände r_1 und r_2 gilt:

$$r_1 = r_2 = r \quad \text{und} \quad r_2 - r_1 = l\cos\alpha$$

Dann ist:

$$\varphi = \frac{1}{4\pi\varepsilon_0\varepsilon_r} \cdot \frac{Q\,l}{r^2}\cos\alpha = \frac{1}{4\pi\varepsilon_0\varepsilon_r} \cdot \frac{p}{r^2}\cos\alpha$$

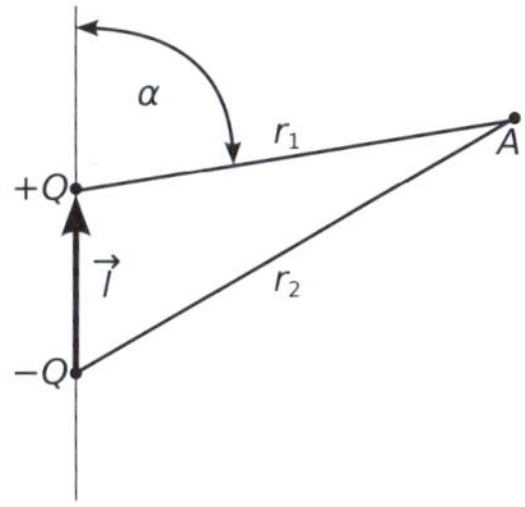

Abb. 3.35

3.36 Magnetische Feldstärke im Innern einer stromdurchflossenen langen Spule

$$H = \frac{N}{l} \cdot I$$

Der Spulendurchmesser muss klein gegenüber der Spulenlänge sein.

Dabei bedeuten:
H = Betrag der magnetischen Feldstärke,
N = Windungszahl der Spule,
l = Länge der Spule,
I = Stromstärke.

Gesetzliche Einheiten:
$[H] = 1\ \mathrm{A\,m^{-1}}$
$[N] = 1$
$[l] = 1\ \mathrm{m}$
$[I] = 1\ \mathrm{A}$

3.37 Magnetische Flussdichte oder magnetische Induktion

in einem materiefreien Raum:

$$\vec{B} = \mu_0\vec{H} \quad \text{oder} \quad B = \mu_0 H$$

Vektorgleichung — Betragsgleichung

in einem materieerfüllten Raum:

$$\vec{B} = \mu_0 \mu_r \vec{H} \quad \text{oder} \quad B = \mu_0 \mu_r H$$

Vektorgleichung — Betragsgleichung

Dabei bedeuten:
$\vec{B}$ = magnetische Flussdichte,
$\vec{H}$ = magnetische Feldstärke,
μ_0 = magnetische Feldkonstante = $4\pi \cdot 10^{-7} \frac{\text{V s}}{\text{A m}}$,
μ_r = Permeabilitätszahl.

Gesetzliche Einheiten:
$[\vec{B}] = 1\,\text{T}$
$[\vec{H}] = 1\,\text{A m}^{-1}$
$[\mu_0] = 1\,\text{V s A}^{-1}\,\text{m}^{-1}$
$[\mu_r] = 1$

3.38 LORENTZ-Kraft

für eine im Magnetfeld bewegte Ladung:

$$\vec{F} = Q \cdot \vec{v} \times \vec{B} = \mu_0 Q \cdot \vec{v} \times \vec{H} \quad \text{oder} \quad F = Q v B \sin\alpha = \mu_0 Q v H \sin\alpha$$

Vektorgleichung — Betragsgleichung

Dabei bedeuten:
$\vec{F}$ = LORENTZ-Kraft auf die Ladung Q,
$\vec{v}$ = Geschwindigkeit der Ladung,
$\vec{B}$ = magnetische Flussdichte,
$\vec{H}$ = magnetische Feldstärke,
α = Winkel zwischen $\vec{v}$ und $\vec{B}$.

Gesetzliche Einheiten:
$[F] = 1\,\text{N}$
$[Q] = 1\,\text{C}$
$[v] = 1\,\text{m s}^{-1}$
$[B] = 1\,\text{T}$
$[H] = 1\,\text{A m}^{-1}$
$[\mu_0] = 1\,\text{V s A}^{-1}\,\text{m}^{-1}$
$[\alpha] = 1\,\text{rad} = \frac{1\,\text{m}}{1\,\text{m}} = 1$

Wenn die Ladung sich senkrecht zur magnetischen Flussdichte bewegt, gilt:

$$F = Q v B = \mu_0 Q v H$$

für einen im Magnetfeld befindlichen, stromdurchflossenen, geraden Leiter:

$$\vec{F} = l \cdot \vec{I} \times \vec{B} = \mu_0 l \cdot \vec{I} \times \vec{H} \quad \text{oder} \quad F = l I B \sin\alpha = \mu_0 l I H \sin\alpha$$

Vektorgleichung — Betragsgleichung

Dabei bedeuten:
$\vec{F}$ = LORENTZ-Kraft auf den Leiter,
l = Länge des Leiters,
$\vec{I}$ = Stromstärke in dem Leiter,
$\vec{B}$ = magnetische Flussdichte,
$\vec{H}$ = magnetische Feldstärke,
μ_0 = magnetische Feldkonstante,
α = Winkel zwischen $\vec{I}$ und $\vec{B}$.

Gesetzliche Einheiten:
$[F] = 1\,\text{N}$
$[l] = 1\,\text{m}$
$[I] = 1\,\text{A}$
$[B] = 1\,\text{T}$
$[H] = 1\,\text{A m}^{-1}$
$[\mu_0] = 1\,\text{V s A}^{-1}\,\text{m}^{-1}$
$[\alpha] = 1\,\text{rad} = \frac{1\,\text{m}}{1\,\text{m}} = 1$

Wenn der Leiter senkrecht zur magnetischen Flussdichte verläuft, gilt:

$$F = l I B = \mu_0 l I H$$

3.39 Magnetfeld in der Umgebung eines geraden, stromdurchflossenen Leiters

$$B = \mu_0 \frac{I}{2\pi r} \quad \text{bzw.} \quad H = \frac{I}{2\pi r}$$

Dabei bedeuten:
B = Betrag der magnetischen Flussdichte,
H = Betrag der magnetischen Feldstärke,
I = Stromstärke,
r = Abstand des Feldpunktes vom Leiter,
μ_0 = magnetische Feldkonstante.

Gesetzliche Einheiten:
$[B] = 1\,\mathrm{T}$
$[H] = 1\,\mathrm{A\,m^{-1}}$
$[I] = 1\,\mathrm{A}$
$[r] = 1\,\mathrm{m}$
$[\mu_0] = 1\,\mathrm{V\,s\,A^{-1}\,m^{-1}}$

3.40 Magnetfeld im Mittelpunkt eines kreisförmigen, stromdurchflossenen Leiters

$$B = \mu_0 \frac{I}{2R} \quad \text{bzw.} \quad H = \frac{I}{2R}$$

Dabei bedeuten:
R = Radius des kreisförmigen Leiters,
sonst siehe 3.38.

Gesetzliche Einheiten:
siehe 3.38

3.41 Magnetischer Fluss

$$\Phi = \vec{B} \cdot \vec{A} = \mu_0 \vec{H} \cdot \vec{A} \quad \text{oder} \quad \Phi = B A \cos\alpha = \mu_0 H A \cos\alpha$$

Vektorgleichung — Betragsgleichung

Dabei bedeuten:
Φ = magnetischer Fluss,
$\vec{B}$ = magnetische Flussdichte,
$\vec{H}$ = magnetische Feldstärke,
$\vec{A}$ = zur Fläche A senkrechter Vektor mit dem Betrag A,
μ_0 = magnetische Feldkonstante,
α = von $\vec{B}$ und $\vec{A}$ eingeschlossener Winkel.

Gesetzliche Einheiten:
$[\Phi] = 1\,\mathrm{Wb}$
$[\vec{B}] = 1\,\mathrm{T}$
$[\vec{H}] = 1\,\mathrm{A\,m^{-1}}$
$[\vec{A}] = 1\,\mathrm{m^2}$
$[\mu_0] = 1\,\mathrm{V\,s\,A^{-1}\,m^{-1}}$
$[\alpha] = 1\,\mathrm{rad} = \frac{1\,\mathrm{m}}{1\,\mathrm{m}} = 1$

3.42 Grundgesetz der elektromagnetischen Induktion

$$U_{\mathrm{ind}} = -N \frac{\Delta \Phi}{\Delta t}$$

Dabei bedeuten:
U_{ind} = induzierte Spannung,
$\Delta \Phi$ = Änderung des magnetischen Flusses durch die Spule in der Zeit Δt,
N = Windungszahl der Spule.

Gesetzliche Einheiten:
$[U] = 1\,\mathrm{V}$
$[\Delta \Phi] = 1\,\mathrm{Wb}$
$[\Delta t] = 1\,\mathrm{s}$
$[N] = 1$

3.43 Induktion bei einem geradlinigen, in einem Magnetfeld bewegten Leiter, wenn Flussdichte, Geschwindigkeit und Leiter paarweise aufeinander senkrecht stehen

$$U_{\mathrm{ind}} = v\,l\,B \quad \text{oder} \quad U_{\mathrm{ind}} = \mu_0\, v\,l\,H$$

Dabei bedeuten:
U_{ind} = zwischen den Leitern induzierte Spannung,
v = Betrag der Geschwindigkeit des Leiters,
l = Länge des Leiters,
B = Betrag der magnetischen Flussdichte,
H = Betrag der magnetischen Feldstärke,
μ_0 = magnetische Feldkonstante.

Gesetzliche Einheiten:
$[U] = 1\,\mathrm{V}$
$[v] = 1\,\mathrm{m\,s^{-1}}$
$[l] = 1\,\mathrm{m}$
$[B] = 1\,\mathrm{T}$
$[H] = 1\,\mathrm{A\,m^{-1}}$
$[\mu_0] = 1\,\mathrm{V\,s\,A^{-1}\,m^{-1}}$

3.44 Induktivität

$$U_{\text{ind}} = -\frac{\Delta \Phi}{\Delta t} = -L\frac{\Delta I}{\Delta t}$$

Dabei bedeuten:
L = Induktivität des Leiters,
U_{ind} = zwischen den Leiterenden induzierte Spannung,
$\Delta \Phi$ = Änderung des magnetischen Flusses in der Zeit Δt,
ΔI = Änderung der Stromstärke in der Zeit Δt.

Gesetzliche Einheiten:
$[L] = 1\,\text{H}$
$[U] = 1\,\text{V}$
$[\Delta \Phi] = 1\,\text{Wb}$
$[\Delta I] = 1\,\text{A}$
$[\Delta t] = 1\,\text{s}$

3.45 Induktion einer langen Spule

$$L = \mu_0 \mu_r \frac{N^2}{l} A$$

Dabei bedeuten:
L = Induktivität der Spule,
N = Windungszahl der Spule,
l = Länge der Spule,
A = Querschnitt der Spule,
μ_0 = magnetische Feldkonstante,
μ_r = Permeabilitätszahl.

Gesetzliche Einheiten:
$[L] = 1\,\text{H}$
$[N] = 1$
$[l] = 1\,\text{m}$
$[A] = 1\,\text{m}^2$
$[\mu_0] = 1\,\text{V}\,\text{s}\,\text{A}^{-1}\,\text{m}^{-1}$
$[\mu_r] = 1$

3.46 Schaltung von Induktivitäten

Reihen- oder Hintereinanderschaltung:

$$L_{\text{ges}} = L_1 + L_2 + \cdots + L_n$$

Parallel- oder Nebeneinanderschaltung:

$$\frac{1}{L_{\text{ges}}} = \frac{1}{L_1} + \frac{1}{L_2} + \cdots + \frac{1}{L_n}$$

Dabei bedeuten:
L_{ges} = Gesamtinduktivität,
$L_1, L_2, \ldots, L_n$ = Einzelinduktivitäten.

Gesetzliche Einheiten:
$[L] = 1\,\text{H}$

3.47 Energie und Energiedichte des Magnetfeldes einer stromdurchflossenen Spule

Energie:

$$W_m = \frac{1}{2} L I^2$$

Energiedichte:

$$w_m = \frac{W_m}{V} = \frac{1}{2} H B = \frac{1}{2\mu_0\mu_r} B^2 = \frac{1}{2}\mu_0\mu_r H^2$$

Dabei bedeuten:
W_m = im Magnetfeld der Spule gespeicherte Energie,
w_m = Energiedichte des Magnetfeldes,
V = Volumen des Magnetfeldes,
L = Induktivität der Spule,
I = Stromstärke in der Spule,
B = Betrag der magnetischen Flussdichte,
H = Betrag der magnetischen Feldstärke,
μ_0 = magnetische Feldkonstante,
μ_r = Permeabilitätszahl.

Gesetzliche Einheiten:
$[W_m] = 1\,\text{J}$
$[w_m] = 1\,\text{J}\,\text{m}^{-3}$
$[V] = 1\,\text{m}^3$
$[L] = 1\,\text{H}$
$[I] = 1\,\text{A}$
$[B] = 1\,\text{T}$
$[H] = 1\,\text{A}\,\text{m}^{-1}$
$[\mu_0] = 1\,\text{V}\,\text{s}\,\text{A}^{-1}\,\text{m}^{-1}$
$[\mu_r] = 1$

3.48 Ein- und Ausschalten eines Gleichstroms bei einer Induktivität

Einschaltverlauf:

$$I_t = \frac{U}{R}\left(1 - \mathrm{e}^{-\frac{R}{L}t}\right) = I_0\left(1 - \mathrm{e}^{-\frac{R}{L}t}\right)$$

Ausschaltverlauf:

$$I_t = I_0 \mathrm{e}^{-\frac{R}{L}t}$$

Dabei bedeuten:
I_t = Stomstärke zur Zeit t,
I_0 = maximale Stromstärke beim Einschaltverlauf bzw. Anfangsstromstärke beim Ausschaltverlauf,
U = angelegte Spannung,
R = ohmscher Widerstand der Spule,
L = Induktivität der Spule.

Gesetzliche Einheiten:
$[I] = 1\,\mathrm{A}$
$[t] = 1\,\mathrm{s}$
$[U] = 1\,\mathrm{V}$
$[R] = 1\,\Omega$
$[L] = 1\,\mathrm{H}$

3.49 Momentanwerte von Wechselspannung und Wechselstrom

$$U = U_0 \sin \omega t, \quad I = \frac{U_0}{R} \sin \omega t = I_0 \sin \omega t$$

Dabei bedeuten:
U = Momentanwert der Spannung,
I = Momentanwert der Stromstärke,
U_0 = Maximal- oder Scheitelwert der Spannung,
I_0 = Maximal- oder Scheitelwert der Stromstärke,
R = ohmscher Widerstand des Leiters,
ω = Kreisfrequenz des Wechselstromes,
t = Zeit.

Gesetzliche Einheiten:
$[U] = 1\,\mathrm{V}$
$[I] = 1\,\mathrm{A}$
$[R] = 1\,\Omega$
$[\omega] = 1\,\mathrm{s}^{-1}$
$[t] = 1\,\mathrm{s}$

3.50 Effektivwerte bei sinusförmigen Wechselspannungen und Wechselströmen

$$U_{\mathrm{eff}} = \frac{U_0}{\sqrt{2}} \approx 0{,}707\, U_0, \quad I_{\mathrm{eff}} = \frac{I_0}{\sqrt{2}} \approx 0{,}707\, I_0$$

Dabei bedeuten:
U_{eff} = effektive Spannung,
U_0 = Scheitelspannung,
I_{eff} = effektive Stromstärke,
I_0 = Scheitelstromstärke.

Gesetzliche Einheiten:
$[U] = 1\,\mathrm{V}$
$[I] = 1\,\mathrm{A}$

3.51 OHMscher-Widerstand bei Wechselstrom

$$R = \frac{U_0}{I_0} = \frac{U_{\mathrm{eff}}}{I_{\mathrm{eff}}}$$

$$U = U_0 \sin \omega t, \quad I = I_0 \sin \omega t$$

Dabei bedeuten:
siehe 3.49 und 3.50.

Gesetzliche Einheiten:
siehe 3.49 und 3.50

3.52 Induktiver Widerstand bei Wechselstrom

$$R_L = \frac{U_{eff}}{I_{eff}} = \frac{U_0}{I_0} = \omega L$$

$$U = U_0 \cdot \sin \omega t \quad \text{und} \quad I = I_0 \cdot \sin\left(\omega t - \frac{\pi}{2}\right)$$

Die Phasenverschiebung φ zwischen Spannung und Stromstärke ist also:

$$\varphi = \tfrac{\pi}{2}$$

Für $U = U_0$ ist $I = 0$

Dabei bedeuten:
R_L = induktiver Widerstand,
U_{eff} = effektive Spannung,
I_{eff} = effektive Stromstärke,
U_0 = Scheitelspannung,
I_0 = Scheitelstromstärke,
ω = Kreisfrequenz,
t = Zeit,
L = Induktivität.

Gesetzliche Einheiten:
$[R_L] = 1\,\Omega$
$[U] = 1\,V$
$[I] = 1\,A$
$[\omega] = 1\,s^{-1}$
$[t] = 1\,s$
$[L] = 1\,H$

3.53 Kapazitiver Widerstand bei Wechselstrom

$$R_C = \frac{U_{eff}}{U_{eff}} = \frac{U_0}{I_0} = \frac{1}{\omega C}$$

$$U = U_0 \cdot \sin \omega t \quad \text{und} \quad I = I_0 \cdot \sin\left(\omega t + \frac{\pi}{2}\right)$$

Die Phasenverschiebung φ zwischen Spannung und Stromstärke ist:

$$\varphi = -\tfrac{\pi}{2}$$

Für $U = U_0$ ist $I = 0$

Dabei bedeuten:
R_C = kapazitiver Widerstand,
C = Kapazität,
sonst wie 3.49 und 3.50.

Gesetzliche Einheiten:
$[R_C] = 1\,\Omega$
$[C] = 1\,F$
sonst wie 3.49 und 3.50

3.54 Hintereinanderschaltung eines ohmschen, eines induktiven und eines kapazitiven Widerstandes

$$Z = \frac{U_{eff}}{I_{eff}} = \frac{U_0}{I_0} = \sqrt{R^2 + \left(\omega L - \frac{1}{\omega C}\right)^2}$$

$$U = U_0 \sin \omega t \quad \text{und} \quad I = I_0 \sin(\omega t - \varphi)$$

für die Phasenverschiebung φ zwischen Spannung und Stromstärke gilt:

$$\tan \varphi = \frac{\omega L - \frac{1}{\omega C}}{R} = \frac{X}{R}$$

Dabei bedeuten:
Z = Scheinwiderstand oder Impedanz des Wechselstromkreises,
$X = \omega L - \frac{1}{\omega C}$ = Blindwiderstand des Wechselstromkreises,
R = ohmscher Widerstand oder Wirkwiderstand,
sonst wie 3.49 und 3.50.

Gesetzliche Einheiten:
$[Z] = 1\,\Omega$
$[X] = 1\,\Omega$
$[R] = 1\,\Omega$
sonst wie 3.49 und 3.50

3.55 **Siebkette** (Hintereinanderschaltung eines induktiven und eines kapazitiven Widerstandes)

$$f = \frac{1}{2\pi\sqrt{LC}} \quad \text{oder} \quad \omega = \frac{1}{\sqrt{LC}}$$

Dabei bedeuten:
f = Frequenz des bevorzugt durchgelassenen Wechselstromes,
ω = Kreisfrequenz des bevorzugt durchgelassenen Wechselstromes,
L = Induktivität,
C = Kapazität.

Gesetzliche Einheiten:
$[f] = 1\ \mathrm{s}^{-1}$
$[\omega] = 1\ \mathrm{s}^{-1}$
$[L] = 1\ \mathrm{H}$
$[C] = 1\ \mathrm{F}$

3.56 Parallelschaltung eines ohmschen, eines induktiven und eines kapazitiven Widerstandes

$$Y = \frac{1}{Z} = \frac{I_{\text{eff}}}{U_{\text{eff}}} = \frac{I_0}{U_0} = \sqrt{\frac{1}{R^2} + \left(\omega C - \frac{1}{\omega L}\right)^2}$$

$$U = U_0 \sin \omega t \quad \text{und} \quad I = I_0 \sin(\omega t + \varphi)$$

Für die Phasenverschiebung zwischen Spannung und Stromstärke gilt:

$$\tan\varphi = R\left(\omega C - \tfrac{1}{\omega L}\right) = RX$$

Dabei bedeuten:
Y = Scheinwert des Wechselstromes,
sonst wie 3.49, 3.50 und 3.54.

Gesetzliche Einheiten:
$[Y] = 1\ \mathrm{S}$
siehe 3.49, 3.50 und 3.54

3.57 **Sperrkreis oder Schwingkreis** (Parallelschaltung eines induktiven und eines kapazitiven Widerstandes)

$$f = \frac{1}{2\pi\sqrt{LC}} \quad \text{oder} \quad \omega = \frac{1}{\sqrt{LC}}$$

Dabei bedeuten:
f = Frequenz des bevorzugt gesperrten Wechselstromes.
ω = Kreisfrequenz des bevorzugt gesperrten Wechselstromes,
L = Induktivität,
C = Kapazität.

Gesetzliche Einheiten:
siehe 3.55

3.58 Leistung des Wechselstromes

1. *Hintereinanderschaltung eines ohmschen, eines induktiven und eines kapazitiven Widerstandes*:

$$P_W = U_{\text{eff}} I_{\text{eff}} \cos\varphi$$

Dabei bedeuten:
P_W = Wirkleistung des Wechselstromes,
U_{eff} = effektive Spannung,
I_{eff} = effektive Stromstärke,
φ = Phasenverschiebung zwischen Spannung und Stromstärke,
$\cos\varphi$ = Leistungsfaktor.

Gesetzliche Einheiten:
$[P_W] = 1\ \mathrm{W}$
$[U] = 1\ \mathrm{V}$
$[I] = 1\ \mathrm{A}$
$[\varphi] = 1\ \mathrm{rad} = \frac{1\ \mathrm{m}}{1\ \mathrm{m}} = 1$

2. *Reiner ohmscher Widerstand*:

$$\varphi = 0, \quad \cos\varphi = 1$$

$$P_S = U_{eff} I_{eff}$$

Dabei bedeuten:
P_S = Scheinleistung des Wechselstromes,
U_{eff} = effektive Spannung,
I_{eff} = effektive Stromstärke.

Gesetzliche Einheiten:
$[P_S] = 1\ \text{V A} = 1\ \text{W}$
$[U] = 1\ \text{V}$
$[I] = 1\ \text{A}$

3. *Reiner induktiver und reiner kapazitiver Widerstand*:

$$\varphi = \frac{\pi}{2}, \quad \cos\varphi = 0$$

$$P_W = 0 \quad \text{wattloser Strom}$$

$$P_B = U_{eff} I_{eff} \sin\varphi$$

Dabei bedeuten:
P_B = Blindleistung des Wechselstromes,
U_{eff} = effektive Spannung,
I_{eff} = effektive Stromstärke,
φ = Phasenverschiebung zwischen Spannung und Stromstärke.

Gesetzliche Einheiten:
$[P_B] = 1\ \text{var} = 1\ \text{W}$
$[U_{eff}] = 1\ \text{V}$
$[I_{eff}] = 1\ \text{A}$
$[\varphi] = 1\ \text{rad} = \frac{1\ \text{m}}{1\ \text{m}} = 1$

3.59 Transformatoren

allgemeine Transformatorgleichung bei verlustloser Arbeit:

$$\underbrace{U_{eff,P} \cdot I_{eff,P} \cdot \cos\varphi_P}_{\text{Wirkleistung im Primärkreis}} = \underbrace{U_{eff,S} \cdot I_{eff,S} \cdot \cos\varphi_S}_{\text{Wirkleistung im Sekundärkreis}}$$

Bei starker Belastung des Transformators ist

$$\varphi_P = \varphi_S.$$

Dann gilt:

$$U_{eff,P} \cdot I_{eff,P} = U_{eff,S} \cdot I_{eff,S}$$

$$\frac{U_{0,P}}{U_{0,s}} = \frac{N_P}{N_S} \quad \text{und} \quad \frac{U_{eff,P}}{U_{eff,S}} = \frac{N_P}{N_S}$$

Dabei bedeuten:
$U_{eff,P}$ = effektive Primärspannung,
$I_{eff,P}$ = effektive Primärstromstärke,
$U_{0,P}$ = Scheitelspannung im Primärkreis,
$U_{0,S}$ = Scheitelspannung im Sekundärkreis,
$U_{eff,S}$ = effektive Sekundärspannung,
$I_{eff,S}$ = effektive Sekundärstromstärke,
φ_P = Phasenverschiebung zwischen Spannung und Stromstärke im Primärkreis,
φ_S = Phasenverschiebung zwischen Spannung und Stromstärke im Sekundärkreis,
N_P = Windungszahl der Primärspule,
N_S = Windungszahl der Sekundärspule.

Gesetzliche Einheiten:
$[U] = 1\ \text{V}$
$[I] = 1\ \text{A}$
$[\varphi] = 1\ \text{rad} = \frac{1\ \text{m}}{1\ \text{m}} = 1$
$[N] = 1$

3.60 THOMSON-Schwingungsformel

$$T = \frac{1}{f} = 2\pi \cdot \sqrt{LC}$$

Dabei bedeuten:
T = Schwingungsdauer des Schwingkreises,
f = Eigenfrequenz des Schwingkreises,
L = Induktivität,
C = Kapazität.

Gesetzliche Einheiten:
$[T] = 1\,\mathrm{s}$
$[f] = 1\,\mathrm{s}^{-1}$
$[L] = 1\,\mathrm{H}$
$[C] = 1\,\mathrm{F}$

3.61 Elektrische Schwingungen

Ungedämpfte elektrische Schwingungen:

$$I = I_0 \cos \omega t, \qquad \omega = \frac{1}{\sqrt{LC}}$$

Gedämpfte elektrische Schwingungen:

$$I = I_0 \mathrm{e}^{-\frac{R}{2L}t} \cos \omega t, \qquad \omega = \sqrt{\frac{1}{LC} - \frac{R^2}{4L^2}}$$

Dabei bedeuten:
I = Momentanwert der Stromstärke,
I_0 = Scheitelwert der Stromstärke,
ω = Kreisfrequenz des Wechselstromes,
R = ohmscher Widerstand,
L = Induktivität,
C = Kapazität,
t = Zeit.

Gesetzliche Einheiten:
$[I] = 1\,\mathrm{A}$
$[\omega] = 1\,\mathrm{s}^{-1}$
$[R] = 1\,\Omega$
$[L] = 1\,\mathrm{H}$
$[C] = 1\,\mathrm{F}$
$[t] = 1\,\mathrm{s}$

3.62 Ausbreitung elektromagnetischer Wellen

$$v = \frac{1}{\sqrt{\varepsilon_0 \varepsilon_r \mu_0 \mu_r}}$$

$$C = \frac{1}{\sqrt{\varepsilon_0 \mu_0}} = 2{,}99792458 \cdot 10^8\ \mathrm{m\,s}^{-1}$$

Lichtgeschwindigkeit im Vakuum

Dabei bedeuten:
v = Ausbreitungsgeschwindigkeit,
c = Lichtgeschwindigkeit im Vakuum,
ε_0 = elektrische Feldkonstante,
μ_0 = magnetische Feldkonstante,
ε_r = Dielektrizitätszahl,
μ_r = Permeabilitätszahl.

Gesetzliche Einheiten:
$[v] = 1\,\mathrm{m\,s}^{-1}$
$[c] = 1\,\mathrm{m\,s}^{-1}$
$[\varepsilon_0] = 1\,\mathrm{A\,s\,V}^{-1}\,\mathrm{m}^{-1}$
$[\mu_0] = 1\,\mathrm{A\,s\,V}^{-1}\,\mathrm{m}^{-1}$
$[\varepsilon_r] = 1$
$[\mu_r] = 1$

3.63 Energietransport bei elektromagnetischen Wellen

$$w_e = \frac{W_e}{V} = \frac{\varepsilon_0 \varepsilon_r}{2} E^2 \quad w_m = \frac{W_m}{V} = \frac{\mu_0 \mu_r}{2} H^2$$

$$w_{e,m} = w_e + w_m = \frac{1}{2}(\varepsilon_0 \varepsilon_r E^2 + \mu_0 \mu_r H^2) = \varepsilon_0 \varepsilon_r E^2 = \mu_0 \mu_r H^2$$

Dabei bedeuten:
w_e = Energiedichte der elektrischen Energie,
w_m = Energiedichte der magnetischen Energie,
$w_{e,m}$ = gesamte Energiedichte,
W_e = elektrische Energie im Volumen V,
W_m = magnetische Energie im Volumen V,
E = Betrag der elektrischen Feldstärke,
H = Betrag der magnetischen Feldstärke,
ε_0 = elektrische Feldkonstante,
μ_0 = magnetische Feldkonstante,
ε_r = Dielektrizitätszahl,
μ_r = Permeabilitätszahl.

Gesetzliche Einheiten:
$[w_e] = 1\,\mathrm{J\,m^{-3}}$
$[w_m] = 1\,\mathrm{J\,m^{-3}}$
$[w_{e,m}] = 1\,\mathrm{J\,m^{-3}}$
$[W_e] = 1\,\mathrm{J}$
$[W_m] = 1\,\mathrm{J}$
$[E] = 1\,\mathrm{V\,m^{-1}}$
$[H] = 1\,\mathrm{A\,m^{-1}}$
$[\varepsilon_0] = 1\,\mathrm{A\,s\,V^{-1}\,m^{-1}}$
$[\mu_0] = 1\,\mathrm{V\,s\,A^{-1}\,m^{-1}}$
$[\varepsilon_r] = 1$
$[\mu_r] = 1$

3.64 Erstes FARADAY-Gesetz der Elektrolyse

$$m = \ddot{A}\,Q = \ddot{A}\,I\,t$$

Dabei bedeuten:
m = Masse des in der Zeit t bei einer Elektrolyse abgeschiedenen Stoffes,
$\ddot{A}$ = elektrochemisches Äquivalent,
Q = durch den Elektrolyten transportierte elektrische Ladung,
I = Stromstärke.

Gesetzliche Einheiten:
$[m] = 1\,\mathrm{kg}$
$[t] = 1\,\mathrm{s}$
$[\ddot{A}] = 1\,\mathrm{kg\,C^{-1}}$
$[Q] = 1\,\mathrm{C}$
$[I] = 1\,\mathrm{A}$

3.65 Zweites FARADAY-Gesetz der Elektrolyse

$$\ddot{A} = \frac{M_{\mathrm{Valar}}}{F} = \frac{M_{\mathrm{Molar}}}{F\,z} = \frac{m}{F\,z\,\nu}$$

$$F = e N_A = 9{,}6485 \cdot 10^4\ \mathrm{C\,mol^{-1}}$$

Dabei bedeuten:
$\ddot{A}$ = elektrochemisches Äquivalent,
M_{Valar} = valare Masse,
M_{Molar} = molare Masse,
z = Wertigkeit,
m = Masse des abgeschiedenen Stoffes,
ν = abgeschiedene Stoffmenge,
F = FARADAY-Konstante,
e = elektrische Elementarladung = $1{,}602177 \cdot 10^{-19}$ C,
N_A = AVOGADRO-Konstante = $6{,}022 \cdot 10^{23}\ \mathrm{mol^{-1}}$.

Gesetzliche Einheiten:
$[\ddot{A}] = 1\,\mathrm{kg\,C^{-1}}$
$[M_{\mathrm{Valar}}] = 1\,\mathrm{kg\,mol^{-1}}$
$[M_{\mathrm{Molar}}] = 1\,\mathrm{kg\,mol^{-1}}$
$[z] = 1$
$[m] = 1\,\mathrm{kg}$
$[\nu] = 1\,\mathrm{mol}$
$[F] = 1\,\mathrm{C\,mol^{-1}}$
$[e] = 1\,\mathrm{C}$
$[N_A] = 1\,\mathrm{mol^{-1}}$

4 Optik

4.1 Lochkamera

$$\gamma = \frac{B}{G} = \frac{b}{g}$$

Dabei bedeuten:
G = Gegenstandgröße,
g = Gegenstandsweite,
B = Bildgröße,
b = Bildweite,
γ = Abbildungsmaßstab.

Gesetzliche Einheiten:
$[G] = [g] = [B] = [b] = 1\ \text{m}$
$[\gamma] = 1$

4.2 Reflexionsgesetz

$$\alpha = \beta$$

Der einfallende Strahl, der reflektierte Strahl und das Einfallslot liegen in derselben Ebene.

Dabei bedeuten:
α = Einfallswinkel,
β = Reflexionswinkel.

Gesetzliche Einheiten:
$[\alpha] = [\beta] = 1° = \frac{\pi}{180}\ \text{rad}$

4.3 Kugelförmige Hohlspiegel und Wölbspiegel

Abbildungsgesetz:

$$\frac{1}{g} + \frac{1}{b} = \frac{1}{f} \quad \text{oder} \quad xy = f^2$$

Abbildungsmaßstab:

$$\gamma = \frac{B}{G} = \frac{b}{g} = \frac{f}{x} = \frac{y}{f}$$

$$\text{Hohlspiegel: } f = \frac{r}{2}, \quad \text{Wölbspiegel: } f = -\frac{r}{2}$$

Dabei bedeuten:
g = Gegenstandsweite,
b = Bildweite,
f = Brennweite,
$x = g - f, y = b - f$,
G = Gegenstandsgröße,
A = Bildgröße,
γ = Abbildungsmaßstab,
r = Krümmungsradius.

Gesetzliche Einheiten:
$[g] = [b] = [f] = [x] = [y]$
$= [G] = [B] = [r] = 1\ \text{m}$
$[\gamma] = 1$

4.4 SNELLIUS-Brechungsgesetz (siehe auch 1.44)

$$\frac{\sin\alpha}{\sin\beta} = \frac{c}{c_n} = n$$

Der einfallende Strahl, der gebrochene Strahl und das Einfallslot liegen in derselben Ebene.

Dabei bedeuten:
α = Einfallswinkel,
β = Brechungswinkel,
c = Lichtgeschwindigkeit im Vakuum,
c_n = Lichtgeschwindigkeit in einem Medium mit der Brechzahl n.

Gesetzliche Einheiten:
$[\alpha] = [\beta] = 1° = \frac{\pi}{180}\ \text{rad}$
$[c] = 1\ \text{m}\,\text{s}^{-1}$
$[c_n] = 1$

$$\frac{\sin\alpha}{\sin\beta} = \frac{c_n}{c_n} = \frac{n_2}{n_1}$$

Dabei bedeuten:
c_{n_1} = Lichtgeschwindigkeit in einem Medium mit der Brechzahl n_1,
c_{n_2} = Lichtgeschwindigkeit in einem Medium mit der Brechzahl n_2.

4.5 Grenzwinkel der Totalreflexion

$$\sin \alpha_T = \frac{n_2}{n_1}$$

Dabei bedeuten:
α_T = Grenzwinkel der Totelreflexion,
n_1 = Brechzahl des ersten Mediums,
n_2 = Brechzahl des zweiten Mediums.

Gesetzliche Einheiten:
$[\alpha_T] = 1° = \frac{\pi}{180}$ rad
$[n] \quad = 1$

4.6 Brechung des Lichts an einer planparallelen Platte

$$s = d \sin \alpha \left(1 - \frac{\cos \alpha}{\sqrt{n^2 - \sin^2 \alpha}}\right)$$

Dabei bedeuten:
s = Parallelverschiebung des Lichtstrahles,
d = Dicke der Platte,
α = Einfallswinkel,
n = Brechzahl des Plattenmaterials.

Gesetzliche Einheiten:
$[s] \quad = [d] = 1$ m
$[\alpha] \quad = 1° = \frac{\pi}{180}$ rad
$[n] \quad = 1$

4.7 Brechung des Lichts an einem Prisma

Ablenkung bei symmetrischem Durchgang:

$$\sin \frac{\delta + \gamma}{2} = n \sin \frac{\gamma}{2}$$

Dabei bedeuten:
δ = Ablenkungswinkel,
γ = Winkel an der brechenden Kante des Prismas,
n = Brechzahl des Prismenmaterials.

Gesetzliche Einheiten:
$[\delta] \quad = [\gamma] = 1° = \frac{\pi}{180}$ rad
$[n] \quad = 1$

Für kleine Winkel γ:

$$\delta = (n-1)\gamma$$

4.8 Dünne sphärische Linsen

Abbildungsgesetz:

$$\frac{1}{g} + \frac{1}{b} = \frac{1}{f} \quad \text{oder} \quad xy = f^2$$

$$\frac{1}{f} = (n-1)\left(\frac{1}{r_1} + \frac{1}{r_2}\right)$$

Abbildungsmaßstab:

$$\gamma = \frac{B}{G} = \frac{b}{g} = \frac{f}{x} = \frac{y}{f}$$

Dabei bedeuten:
g = Gegenstandsweite,
b = Bildweite,
f = Brennweite,
$x = g - f,\ y = b - f$,
G = Gegenstandsgröße,
B = Bildgröße,
r_1 und r_2 = Krümmungsradien der Linse,
n = Brechzahl des Linsenmaterials,
γ = Abbildungsmaßstab.
Für Konvexlinsen: f positiv; für Konkavlinsen: f negativ.

Für reelle Bilder: b und B positiv; für virtuelle Bilder: b und B negativ.

Gesetzliche Einheiten:
siehe 4.3

Sonderfälle:
Bikonvexe, dünne Linse mit $r_1 = r_2 = r$ und $n \approx 1{,}5$ (gewöhnliches Glas):

$$f = r$$

Plankonvexe, dünne Linse mit $r_1 = r$, $r_2 \to \infty$ und $n \approx 1{,}5$ (gewöhnliches Glas):

$$f = 2r$$

4.9 Brechkraft oder Stärke der Linse

$$D = \frac{1}{f}$$

Dabei bedeuten:
D = Brechkraft,
f = Brennweite.

Gesetzliche Einheiten:
$[D] = 1\ \mathrm{m}^{-1}$
$[f] = 1\ \mathrm{m}$

4.10 Linsensystem aus mehreren dünnen, dicht nebeneinander liegenden Linsen

$$\frac{1}{f} = \frac{1}{f_1} + \frac{1}{f_2} + \cdots \quad \text{und} \quad D = D_1 + D_2 + \cdots$$

Dabei bedeuten:
siehe 4.9.

Gesetzliche Einheiten:
siehe 4.9

4.11 Vergrößerung eines optischen Gerätes

$$V = \frac{\tan \sigma_1}{\tan \sigma_2}$$

Dabei bedeuten:
V = Vergrößerung,
σ_1 = Sehwinkel mit Gerät,
σ_2 = Sehwinkel ohne Gerät.

Gesetzliche Einheiten:
$[V] = 1$
$[\sigma] = 1° = \frac{\pi}{180}\ \mathrm{rad}$

Da Sehwinkel meist kleine Winkel sind, gilt auch:

$$V = \frac{\sigma_1}{\sigma_2}$$

Praktisch verwendet man die Formel:

$$V = \frac{\sigma_1}{\sigma_0}$$

Dabei bedeuten:
V = Vergrößerung,
σ_1 = Sehwinkel mit Gerät,
σ_0 = Sehwinkel ohne Gerät in der festen Bezugssehweite $s_0 = 0{,}25$ m.

4.12 Vergrößerung bei einer Lupe

$$V_{\mathrm{L}} = \frac{s_0}{f} = \frac{0{,}25\ \mathrm{m}}{f} = 0{,}25\ \mathrm{m} \cdot D = \frac{D}{4\ \mathrm{dpt}}$$

Dabei bedeuten:
V_{L} = Vergrößerung der Lupe,
s_0 = Bezugssehweite = 0,25 m,
f = Brennweite der Lupe,
D = Brechkraft der Lupe.

Gesetzliche Einheiten:
$[V_{\mathrm{L}}] = 1$
$[s_0] = [f] = 1\ \mathrm{m}$
$[D] = 1\ \mathrm{m}^{-1}$

4.13 Vergrößerung bei einem Mikroskop

$$V_M = \frac{t\,s_0}{f_{ob} f_{ok}} = \frac{t \cdot 0{,}25\ \text{m}}{f_{ob} f_{ok}}$$

Dabei bedeuten:
V_M = Vergrößerung des Mikroskopes,
s_0 = Bezugssehweite = 0,25 m,
f_{ob} = Brennweite des Objektivs,
f_{ok} = Brennweite des Okulars,
t = optische Tubuslänge = Abstand der einander zugewandten Brennpunkte von Objektiv und Okular.

Gesetzliche Einheiten:
$[V_M] = 1$
$[s_0] = [f] = [t] = 1$ m

4.14 Vergrößerung bei Fernrohren

KEPLER-*Fernrohr*:

$$V_{KF} = \frac{f_{ob}}{f_{ok}}, \quad t_{KF} = f_{ob} + f_{ok}$$

GALILEI-*Fernrohr*:

$$V_{GF} = \frac{f_{ob}}{f_{ok}}, \quad t_{GF} = f_{ob} - f_{ok}$$

Dabei bedeuten:
V_{KF} = Vergrößerung des KEPLER-Fernrohrs,
V_{GF} = Vergrößerung des GALILEI-Fernrohrs,
f_{ob} = Brennweite des Objektivs,
f_{ok} = Brennweite des Okulars,
t_{KF} = Tubuslänge des KEPLER-Fernrohrs,
t_{GF} = Tubuslänge des GALILEI-Fernrohrs.

Gesetzliche Einheiten:
$[V] = 1$
$[f] = 1$ m
$[t] = 1$ m

4.15 Lichtstrom

$$\Phi = I_L \Omega$$

Dabei bedeuten:
Φ = Lichtstrom,
I_L = Lichtstärke,
Ω = räumlicher Winkel.

Gesetzliche Einheiten:
$[\Phi] = 1$ lm
$[I_L] = 1$ cd
$[\Omega] = 1$ sr

4.16 Beleuchtungsstärke

$$E = \frac{\Phi}{A}$$

Dabei bedeuten:
E = Beleuchtungsstärke,
Φ = Lichtstrom, der auf die Fläche A trifft.

Gesetzliche Einheiten:
$[E] = 1$ lx
$[\Phi] = 1$ lm
$[A] = 1\ \text{m}^2$

4.17 Leuchtdichte

$$L = \frac{I_L}{A}$$

Dabei bedeuten:
L = Leuchtdichte einer Fläche,
I_L = Lichtstärke der Fläche,
A = leuchtende Fläche.

Gesetzliche Einheiten:
$[L] = 1\ \mathrm{cd\,m^{-2}}$
$[I_L] = 1\ \mathrm{cd}$
$[A] = 1\ \mathrm{m^2}$

4.18 Optischer Lichtweg

$$s_{op} = n\,s$$

Dabei bedeuten:
s_{op} = optischer Lichtweg,
s = geometrischer Lichtweg,
n = Brechzahl des Licht ausbreitenden Mediums.

Gesetzliche Einheiten:
$[s_{op}] = [s] = 1\ \mathrm{m}$
$[n] = 1$

4.19 Interferenz an dünnen Schichten

Intensitätsminima in Aufsicht:

$$2d\sqrt{n^2 - \sin^2\alpha} = z\lambda \quad (z = 1, 2, 3, \ldots)$$

Bei senkrechter Aufsicht ($\alpha = 0°$):

$$2d\,n = z\lambda$$

Intensitätsmaxima in Aufsicht:

$$2d\sqrt{n^2 - \sin^2\alpha} = \frac{2z-1}{2}\lambda \quad (z = 1, 2, 3, \ldots)$$

Bei senkrechter Aufsicht ($\alpha = 0°$):

$$2d\,n = \tfrac{2z-1}{2}\lambda$$

Dabei bedeuten:
d = Dicke der Schicht,
n = Brechzahl des Schichtmediums,
α = Einfalls- bzw. Reflexionswinkel,
λ = Wellenlänge des Lichtes.

Gesetzliche Einheiten:
$[d] = 1\ \mathrm{m}$
$[n] = 1$
$[\alpha] = 1° = \frac{\pi}{180}\ \mathrm{rad}$
$[\lambda] = 1\ \mathrm{m}$

4.20 NEWTON-Ringe

$$\lambda = \frac{n\,a_z^2}{z\,r} \quad (z = 1, 2, 3, \ldots)$$

Für Luft als Zwischenmedium ($n = 1$):

$$\lambda = \tfrac{a_z^2}{z\,r}$$

Dabei bedeuten:
λ = Wellenlänge des Lichtes,
a_z = Radien der dunklen Ringe,
n = Brechzahl des Zwischenmediums,
r = Krümmungsradius der Plankonvexlinse.

Gesetzliche Einheiten:
$[\lambda] = [a_z] = [r] = 1\ \mathrm{m}$
$[n] = 1$

4.21 FRAUNHOFER-Beugung an einem Spalt

Intensitätsminima:

$$z\lambda = b\sin\alpha_z \quad (z = 1, 2, 3, \ldots)$$

Nebenmaxima der Intensität:

$$\left(z + \frac{1}{2}\right)\lambda = b\sin\alpha_z \quad (z = 1, 2, 3, \ldots)$$

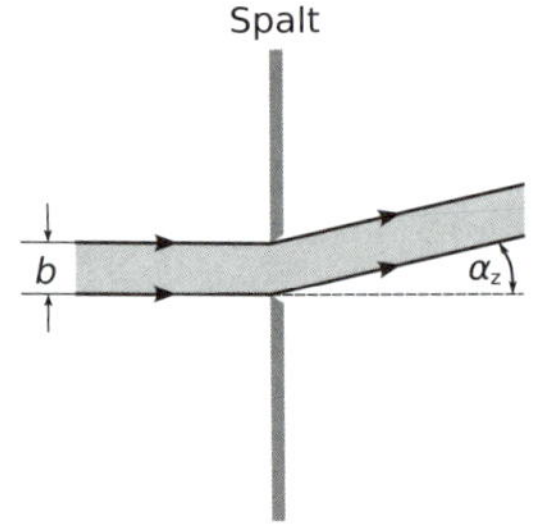

Abb. 4.21

Dabei bedeuten:
λ = Wellenlänge des Lichtes,
b = Breite des Spaltes,
α_z = (siehe Abb. 4.21).

Gesetzliche Einheiten:
$[\lambda] = [b] = 1$ m
$[\alpha_z] = 1° = \frac{\pi}{180}$ rad

4.22 FRAUNHOFER-Beugung an einem Doppelspalt

Intensitätsminima:

$$\left(z - \frac{1}{2}\right)\lambda = d\sin\alpha_z \quad (z = 1, 2, 3, \ldots)$$

Intensitätsmaxima:

$$z\lambda = d\sin\alpha_z \quad (z = 0, 1, 2, 3, \ldots)$$

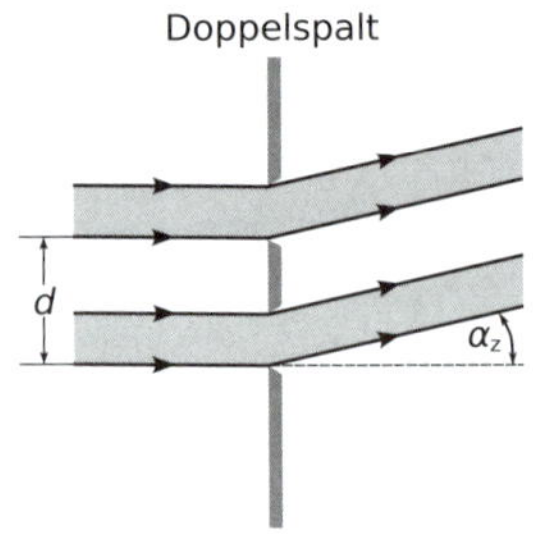

Abb. 4.22

Dabei bedeuten:
λ = Wellenlänge des Lichts,
d = Abstand entsprechender Spaltpunkte,
α_z = (siehe Abb. 4.22).

Gesetzliche Einheiten:
$[\lambda] = [d] = 1$ m
$[\alpha_z] = 1° = \frac{\pi}{180}$ rad

4.23 FRAUNHOFER-Beugung an einem optischen Gitter

Intensitätsmaxima:

$$z\lambda = a\sin\alpha_z \quad (z = 0, 1, 2, 3, \ldots)$$

Da im Allgemeinen nur kleine Winkel α_z auftreten, gilt:

$$\sin\alpha_z \approx \alpha_z.$$

Dann ist

$$z\lambda \approx a\,\alpha_z$$

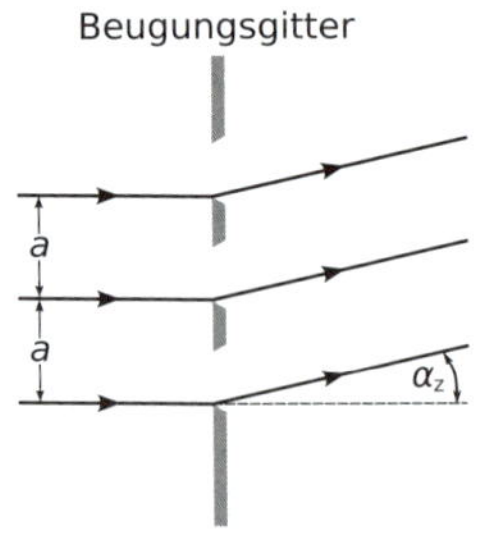

Abb. 4.23

Dabei bedeuten:
λ = Wellenlänge,
a = Gitterkonstante,
α_z = (siehe Abb. 4.23).

Gesetzliche Einheiten:
$[\lambda] = [a] = 1$ m
$[\alpha_z] = 1° = \frac{\pi}{180}$ rad

4.24 Auflösungsvermögen optischer Instrumente

$$A = \frac{1}{\delta_{min}}$$

Dabei bedeuten:
A = Auflösungsvermögen,
δ_{min} = kleinster Abstand zweier im Bild gerade noch getrennt wahrnehmbarer Punkte.

Gesetzliche Einheiten:
$[A] = 1\ m^{-1}$
$[\delta_{min}] = 1\ m$

4.25 Auflösungsvermögen einer Linse

$$A = \frac{0{,}82\, n\, \omega}{\lambda}$$

Dabei bedeuten:
A = Auflösungsvermögen,
$\omega = \frac{d}{f}$ = Öffnungsverhältnis der Linse,
d = Durchmesser der Linse,
f = Brennweite der Linse,
n = Brechzahl des zwischen der Linse und dem Gegenstand befindlichen Stoffes,
λ = Wellenlänge des verwendeten Lichtes.

Gesetzliche Einheiten:
$[A] = 1\ m^{-1}$
$[n] = 1$
$[\omega] = 1$
$[d] = [f] = 1\ m$
$[\lambda] = 1\ m$

4.26 Strahlungsleistung eines Körpers

$$\Phi_e = \frac{W}{t}$$

Dabei bedeuten:
Φ_e = Strahlungsleistung,
W = von dem Körper ausgestrahlte Energie,
t = zur Ausstrahlung benötigte Zeit.

Gesetzliche Einheiten:
$[\Phi_e] = 1\ W$
$[W] = 1\ J$
$[t] = 1\ s$

4.27 STEFAN-BOLTZMANN-Gesetz

$$\Phi_e = \sigma A T^4$$

$$\sigma = 5{,}67 \cdot 10^{-8}\ J\, m^{-2}\, K^{-4}\, s^{-1}$$

Dabei bedeuten:
Φ_e = Strahlungsleistung eines absolut schwarzen Körpers,
A = Oberfläche des Körpers,
T = absolute Temperatur des Körpers.

Gesetzliche Einheiten:
$[\Phi_e] = 1\ W$
$[A] = 1\ m^2$
$[T] = 1\ K$

4.28 WIEN-Verschiebungsgesetz

$$\lambda_{max}\, T = b$$

$$b = 2{,}89777 \cdot 10^{-3}\ m\, K$$

Dabei bedeuten:
λ_{max} = Wellenlänge des Strahlungsmaximums bei einem absolut schwarzen Körper,
T = absolute Temperatur.

Gesetzliche Einheiten:
$[\lambda_{max}] = 1\ m$
$[T] = 1\ K$

5 Spezielle Relativitätstheorie

5.1 GALILEI-Transformationen

$$x' = x - vt, \quad y' = y, \quad z' = z, \quad t' = t$$

oder

$$x = x' + vt, \quad y = y', \quad z = z', \quad t = t'$$

Dabei bedeuten:
x, y, z, t = Raum- und Zeitkoordinaten im System S,
x', y', z', t' = Raum- und Zeitkoordinaten im System S',
v = Geschwindigkeit des Systems S' gegenüber dem System S in Richtung der positiven x-Achse.

Gesetzliche Einheiten:
$[x] = [y] = [z] = 1$ m
$[t] = 1$ s
$[v] = 1\ \mathrm{m\,s^{-1}}$

5.2 LORENTZ-Transformationen

$$x' = \frac{x - vt}{\sqrt{1 - \frac{v^2}{c^2}}}, \quad y' = y, \quad z' = z, \quad t' = \frac{t - \frac{v}{c^2} \cdot x}{\sqrt{1 - \frac{v^2}{c^2}}},$$

oder

$$x = \frac{x' + vt'}{\sqrt{1 - \frac{v^2}{c^2}}}, \quad y = y', \quad z = z', \quad t = \frac{t' + \frac{v}{c^2} \cdot x'}{\sqrt{1 - \frac{v^2}{c^2}}},$$

Dabei bedeuten:
v = im System S gemessene Geschwindigkeit des Systems S' relativ zum System S in Richtung der positiven x-Achse,
c = Lichtgeschwindigkeit.

Gesetzliche Einheiten:
$[v] = [c] = 1$ m
sonst siehe 5.1

5.3 Zeitdilatation

$$\Delta t = \Delta t' \cdot \frac{1}{\sqrt{1 - \frac{v^2}{c^2}}}$$

Dabei bedeuten:
Δt = das im System S gemessene Zeitintervall für ein Ereignis, das an einem festen Ort des Systems S' abläuft,
$\Delta t'$ = das gleiche im System S' gemessene Zeitintervall,
v = Geschwindigkeit des Systems S' relativ zum System S,
c = Lichtgeschwindigkeit.

Gesetzliche Einheiten:
siehe 5.2

5.4 Längenkontraktion

$$l = l' \cdot \sqrt{1 - \frac{v^2}{c^2}}$$

Dabei bedeuten:
l = die im System S gemessene Länge eines Stabes, der sich parallel zur x'-Achse an einem festen Ort des Systems S' befindet,
l' = die im System S' gemessene Länge des gleichen Stabes.
v = Geschwindigkeit des Systems S' relativ zum System S in Richtung der x-Achse,
c = Lichtgeschwindigkeit.

Gesetzliche Einheiten:
$[l] = 1$ m
sonst siehe 5.2

5.5 Relativistische Addition von Geschwindigkeiten

$$u = \frac{u' + v}{1 + \frac{u' \cdot v}{c^2}}$$

Dabei bedeuten:
u = die im System S gemessene Geschwindigkeit eines Körpers,
u' = die im System S' gemessene Geschwindigkeit eines Körpers,
v = Geschwindigkeit des Systems S' relativ zum System S, wobei u' und v die gleiche Richtung haben,
c = Lichtgeschwindigkeit.

Gesetzliche Einheiten:
$[u] = [u'] = [v] = [c]$
$= 1\,\mathrm{m\,s^{-1}}$

5.6 Relativität der Massen

$$m_v = \frac{m_0}{\sqrt{1 - \frac{v^2}{c^2}}}$$

Dabei bedeuten:
m_v = Masse eines Körpers, der sich relativ zum Beobachter mit einer Geschwindigkeit vom Betrag v bewegt,
m_0 = Masse desselben Körpers, der relativ zum Beobachter ruht (Ruhemasse),
c = Lichtgeschwindigkeit.

Gesetzliche Einheiten:
$[m_v] = [m_0] = 1\,\mathrm{kg}$
$[c] = 1\,\mathrm{m\,s^{-1}}$

5.7 EINSTEIN-Gesetz über die Äquivalenz von Masse und Energie

$$W_0 = m_0 c^2 \quad \text{und} \quad W_v = m_v c^2$$

Dabei bedeuten:
W_0 = Energie eines relativ zum Beobachter ruhenden Körpers (Ruhenergie),
m_0 = Masse des relativ zum Beobachter ruhenden Körpers,
W_v = Energie des mit der Geschwindigkeit vom Betrag v sich relativ zum Beobachter bewegenden Körpers,
m_v = Masse des mit der Geschwindigkeit vom Betrag v sich relativ zum Beobachter bewegenden Körpers,
c = Lichtgeschwindigkeit.

Gesetzliche Einheiten:
$[W_0] = [W_v] = 1\,\mathrm{J}$
$[m_0] = [m_v] = 1\,\mathrm{kg}$
$[v] = [c] = 1\,\mathrm{m\,s^{-1}}$

5.8 Relativistischer Impuls und relativistische kinetische Energie

Impuls:

$$p = \frac{m_0 v}{\sqrt{1 - \frac{v^2}{c^2}}}$$

kinetische Energie:

$$W_\mathrm{k} = \sqrt{(m_0 c^2)^2 + p^2 c^2} - m_0 c^2 = W_v - W_0$$

Dabei bedeuten:
p = relativistischer Impuls,
sonst wie 5.7.

Gesetzliche Einheiten:
$[p] = 1\,\mathrm{N\,s}$
sonst wie 5.7

5.9 Relativistische Gesamtenergie eines bewegten Teilchens

$$W_{ges} = W_v = \sqrt{(m_0 c^2)^2 + p^2 c^2} = \sqrt{W_0^2 + (pc)^2}$$

Dabei bedeuten:
W_{ges} = Gesamtenergie des Teilchens,
sonst wie 5.7 und 5.8.

Gesetzliche Einheiten:
siehe 5.7 und 5.8

6 Quanten und Atome

6.1 Energiequanten

Energie eines Quants:

$$W = hf$$

Masse eines Quants:

$$m = \frac{W}{c^2} = \frac{hf}{c^2} = \frac{h}{c\lambda}$$

Impuls eines Quants:

$$p = mc = \frac{W}{c} = \frac{hf}{c} = \frac{h}{\lambda}$$

Dabei bedeuten:
h = PLANCK-Konstante = $6{,}6256 \cdot 10^{-34}$ J s,
f = Frequenz der Strahlung,
λ = Wellenlänge der Strahlung,
c = Lichtgeschwindigkeit im Vakuum.

Gesetzliche Einheiten:
$[W] = 1$ J
$[m] = 1$ kg
$[p] = 1$ N s
$[h] = 1$ J s
$[f] = 1\ \text{s}^{-1}$
$[\lambda] = 1$ m
$[c] = 1\ \text{m s}^{-1}$

6.2 EINSTEIN-Gesetz für den Fotoeffekt

$$hf = W_A + \frac{1}{2} m_e v^2$$

Dabei bedeuten:
h = PLANCK-Konstante,
f = Frequenz der den Fotoeffekt auslösenden Strahlung,
W_A = Auslösearbeit,
m_e = Ruhmasse des Elektrons,
v = Maximalgeschwindigkeit der ausgelösten Elektronen.

Gesetzliche Einheiten:
$[h] = 1$ J s
$[f] = 1\ \text{s}^{-1}$
$[W_A] = 1$ J
$[m_e] = 1$ kg
$[v] = 1\ \text{m s}^{-1}$

6.3 COMPTON-Effekt

$$\Delta\lambda = \lambda_C - \lambda_P = \frac{h}{m_e c}(1 - \cos\vartheta)$$

$$\Lambda_C = \frac{h}{m_e c} = 2{,}4262 \cdot 10^{-12}\ \text{m}$$

Dabei bedeuten:
λ_P = Wellenlänge des primären Strahlungsquants,
λ_c = Wellenlänge des gestreuten Strahlungsquants,
$\Delta\lambda$ = Zunahme der Wellenlänge,
Λ_C = COMPTON-Wellenlänge des Elektrons,
h = PLANCK-Konstante,
m_e = Ruhmasse des Elektrons,
ϑ = Streuwinkel des Strahlungsquants,
c = Lichtgeschwindigkeit im Vakuum.

Gesetzliche Einheiten:
$[\lambda] = 1$ m
$[\Lambda_C] = 1$ m
$[h] = 1$ J s
$[m_e] = 1$ kg
$[\vartheta] = 1° = \frac{\pi}{180}$ rad
$[c] = 1\ \text{m s}^{-1}$

6.4 Energie der Elektronen in der Atomhülle

potenzielle Energie:

$$W_\text{p} = -\frac{1}{4\pi\varepsilon_0} \cdot \frac{(Ze) \cdot e}{r}$$

kinetische Energie:

$$W_\text{k} = \frac{1}{8\pi\varepsilon_0} \cdot \frac{(Ze) \cdot e}{r}$$

Gesamtenergie:

$$W_\text{ges} = -\frac{1}{8\pi\varepsilon_0} \cdot \frac{(Ze) \cdot e}{r}$$

Dabei bedeuten:
Z = Kernladungszahl des Atoms,
e = elektrische Elementarladung,
r = Abstand des Elektrons vom Atomkern,
ε_0 = elektrische Feldkonstante.

Gesetzliche Einheiten:
$[Z] = 1$
$[e] = 1\,\text{C}$
$[r] = 1\,\text{m}$
$[\varepsilon_0] = 1\,\text{A s V}^{-1}\,\text{m}^{-1}$

6.5 Erstes BOHR-Postulat

$$2\pi m_\text{e} r_n v_\text{r} = n h \quad \text{oder} \quad 2\pi m_\text{e} r_n^2 \omega_\text{r} = n h$$

Dabei bedeuten:
r_n = Radien der stationären Elektronenbahnen,
v_r = Bahngeschwindigkeit des Elektrons,
ω_r = Winkelgeschwindigkeit des Elektrons,
m_e = Ruhmasse des Elektrons,
h = PLANCK-Konstante,
n = Hauptquantenzahl = 1, 2, 3, … .

Gesetzliche Einheiten:
$[r_n] = 1\,\text{m}$
$[v_\text{r}] = 1\,\text{m s}^{-1}$
$[\omega_\text{r}] = 1\,\text{s}^{-1}$
$[m_\text{e}] = 1\,\text{kg}$
$[h] = 1\,\text{J s}$
$[n] = 1$

6.6 Zweites BOHR-Postulat oder BOHR-Frequenzbedingung

$$h f = W_2 - W_1$$

Dabei bedeuten:
W_1 = Gesamtenergie des Elektrons vor dem Quantensprung,
W_2 = Gesamtenergie des Elektrons nach dem Quantensprung,
f = Frequenz des absorbierten oder emittierten Quants,
h = PLANCK-Konstante.

Gesetzliche Einheiten:
$[W] = 1\,\text{J}$
$[f] = 1\,\text{s}^{-1}$
$[h] = 1\,\text{J s}$

6.7 Wellenzahlen der Spektrallinien des Wasserstoffatoms

$$N = \frac{e^4 m_\text{e}}{8\varepsilon_0^2 h^3 c}\left(\frac{1}{n^2} - \frac{1}{m^2}\right)$$

$$R_\infty = \frac{e^4 m_\text{e}}{8\varepsilon_0^2 h^3 c} = 1{,}097 \cdot 10^7\ \text{m}^{-1}$$

Dabei bedeuten:
N = Wellenzahl der emittierten Quanten,
R_∞ = RYDBERG-Konstante für das Wasserstoffatom,
n, m = ganze Zahlen ($m > n$),
e = elektrische Elementarladung,
m_e = Ruhmasse des Elektrons,
ε_0 = elektrische Feldkonstante,
h = PLANCK-Konstante,
c = Lichtgeschwindigkeit im Vakuum.

Gesetzliche Einheiten:
$[N] = 1\,\text{m}^{-1}$
$[R_\infty] = 1\,\text{m}^{-1}$
$[n] = [m] = 1$
$[e] = 1\,\text{C}$
$[m_\text{e}] = 1\,\text{kg}$
$[\varepsilon_0] = 1\,\text{A s V}^{-1}\,\text{m}^{-1}$
$[h] = 1\,\text{J s}$
$[c] = 1\,\text{m s}^{-1}$

6.8 BOHR-SOMMERFELD-Atommodell

$$a_n = \varepsilon_0 \cdot \frac{h^2}{\pi Z e^2 m_e} \cdot n^2 \quad \text{und} \quad b_n = a_n \frac{l+1}{n} = \varepsilon_0 \cdot \frac{h^2}{\pi Z e^2 m_e} \cdot n(l+1)$$

große Halbachse — kleine Halbachse

Dabei bedeuten:
h = PLANCK-Konstante,
Z = Kernladungszahl des Atoms,
e = elektrische Elementarladung,
m_e = Ruhmasse des Elektrons,
ε_0 = elektrische Feldkonstante,
n = Hauptquantenzahl = 1, 2, 3, ...,
l = Nebenquantenzahl = 0, 1, 2, 3, ..., $n-1$.

Gesetzliche Einheiten:
$[h] = 1\,\text{J s}$
$[Z] = 1$
$[e] = 1\,\text{C}$
$[m_e] = 1\,\text{kg}$
$[\varepsilon_0] = 1\,\text{A s V}^{-1}\,\text{m}^{-1}$
$[n] = [l] = 1$

6.9 RÖNTGEN-Bremsstrahlung

Grenzfrequenz:

$$f_G = \frac{eU}{h}$$

Grenzwellenlänge:

$$\lambda_G = \frac{c}{f_G} = \frac{ch}{eU}$$

Grenzwellenzahl:

$$N_G = \frac{eU}{ch}$$

Dabei bedeuten:
e = elektrische Elementarladung,
U = von dem Elektron durchlaufene Beschleunigungsspannung,
h = PLANCK-Konstante,
c = Lichtgeschwindigkeit im Vakuum.

Gesetzliche Einheiten:
$[e] = 1\,\text{C}$
$[U] = 1\,\text{V}$
$[h] = 1\,\text{J s}$
$[c] = 1\,\text{m s}^{-1}$

6.10 MOSELEY-Gesetz

$$N_K = R_\infty (Z-1)^2 \left(\frac{1}{1^2} - \frac{1}{2^2} \right) = \frac{3}{4} R_\infty (Z-1)^2$$

$$R_\infty = 1{,}097 \cdot 10^7\ \text{m}^{-1}$$

Dabei bedeuten:
N_{K_α} = Wellenzahl der K_α-Linie,
Z = Kernladungszahl des Materials der Antikatode,
R_∞ = RYDBERG-Konstante.

Gesetzliche Einheiten:
$[N_{K_\alpha}] = 1\,\text{m}^{-1}$
$[Z] = 1$
$[R_\infty] = 1\,\text{m}^{-1}$

6.11 DE-BROGLIE-Wellen oder Materiewellen

Frequenz:

$$f = \frac{1}{h} \frac{m_0 c^2}{\sqrt{1 - \frac{v^2}{c^2}}}$$

Wellenlänge:

$$\lambda = \frac{h\sqrt{1 - \frac{v^2}{c^2}}}{m_0 v}$$

Impuls:

$$p = \frac{h}{\lambda}$$

Phasengeschwindigkeit:

$$u = f\lambda = \frac{c^2}{v}$$

für $v \ll c$ gilt:

$$f = \frac{m_0 c^2}{h} \text{ und } \lambda = \frac{h}{m_0 v}$$

Dabei bedeuten:
h = PLANCK-Konstante,
m_0 = Ruhmasse des bewegten Teilchens,
v = Geschwindigkeit des bewegten Teilchens,
c = Lichtgeschwindigkeit im Vakuum.

Gesetzliche Einheiten:
$[v] = 1\,\mathrm{s}^{-1}$
$[\lambda] = 1\,\mathrm{m}$
$[p] = 1\,\mathrm{N\,s}$
$[u] = 1\,\mathrm{m\,s}^{-1}$
$[h] = 1\,\mathrm{J\,s}$
$[m_0] = 1\,\mathrm{kg}$
$[v] = [c] = 1\,\mathrm{m\,s}^{-1}$

6.12 HEISENBERG-Unschärferelation oder -Unbestimmtheitsrelation

$$\Delta x \cdot \Delta p \geq \frac{h}{2\pi} \quad \text{oder} \quad \Delta W \cdot \Delta t \geq \frac{h}{2\pi}$$

Dabei bedeuten:
Δx = Unbestimmtheit der Ortsangabe,
Δp = Unbestimmtheit der Impulsangabe,
ΔW = Unbestimmtheit der Energieangabe,
Δt = Unbestimmtheit der Zeitangabe,
h = PLANCK-Konstante.

Gesetzliche Einheiten:
$[\Delta x] = 1\,\mathrm{m}$
$[\Delta p] = 1\,\mathrm{N\,s}$
$[\Delta W] = 1\,\mathrm{J}$
$[\Delta t] = 1\,\mathrm{s}$
$[h] = 1\,\mathrm{J\,s}$

6.13 Grundgesetz des radioaktiven Zerfalles

Differenzialform:

$$\Delta N = -\lambda N(t) \cdot \Delta t \quad \text{oder} \quad \mathrm{d}N = -\lambda N(t)\mathrm{d}t$$

Integralform:

$$N(t) = N(0)\mathrm{e}^{-\lambda t} \quad \text{oder} \quad N(t) = N(0) \cdot \mathrm{e}^{-\frac{\ln 2}{T} \cdot t} \quad \text{oder} \quad N(t) = N(0) \cdot 2^{-\frac{t}{T}}$$

$$T_{1/2} = \frac{\ln 2}{\lambda} = \frac{0{,}69315}{\lambda}$$

Dabei bedeuten:
$N(t)$ = Anzahl der zur Zeit t vorhandenen Atome eines Radionuklids,
$N(0)$ = Anzahl der zur Zeit $t = 0$ vorhandenen Atome eines Radionuklids,
ΔN = Anzahl der in der Zeit Δt zerfallenden Atome eines Radionuklids,
λ = Zerfallskonstante des Radionuklids,
$T_{1,2}$ = Halbwertszeit des Radionuklids.

Gesetzliche Einheiten:
$[N] = 1$
$[\lambda] = 1\,\mathrm{s}^{-1}$
$[T_{1,2}] = 1\,\mathrm{s}$

6.14 Mittlere Lebensdauer eines Radionuklids

$$\tau = \frac{1}{\lambda}$$

Dabei bedeuten:
τ = mittlere Lebensdauer,
λ = Zerfallskonstante.

Gesetzliche Einheiten:
$[\tau] = 1\,\mathrm{s}$
$[\lambda] = 1\,\mathrm{s}^{-1}$

6.15 Radiologische Aktivität

$$A = -\frac{\Delta N}{\Delta t} = \lambda N(t)$$

Dabei bedeuten:
A = radiologische Aktivität,
sonst siehe 6.13.

Gesetzliche Einheiten:
$[A] = 1\ \mathrm{Bq} = 1\ \mathrm{s}^{-1}$
sonst siehe 6.13.

Das Zerfallsgesetz lautet dann:

$$A(t) = A(0)\mathrm{e}^{-\lambda t}$$

Dabei bedeuten:
$A(0)$ = radiologische Aktivität zur Zeit $t = 0$,
$A(t)$ = radiologische Aktivität zur Zeit t,
λ = Zerfallskonstante des Radionuklids.

6.16 Verschiebungssätze beim radioaktiven Zerfall

Erster Verschiebungssatz (Alphazerfall):

$${}^{\mathrm{A}}_{\mathrm{Z}}\mathrm{X} \rightarrow {}^{\mathrm{A}-4}_{\mathrm{Z}-2}\mathrm{X} + {}^{4}_{2}\mathrm{He}$$

Zweiter Verschiebungssatz (Betazerfall):

$${}^{\mathrm{A}}_{\mathrm{Z}}\mathrm{X} \rightarrow {}_{\mathrm{Z}+1}{}^{\mathrm{A}}\mathrm{X} + {}^{0}_{-1}\mathrm{e}$$

Dabei bedeuten:
X = Symbol für ein Radionuklid,
Z = Kernladungszahl des Radionuklids,
A = Massenzahl des Radionuklids.

Gesetzliche Einheiten:
$[Z] = 1$
$[A] = 1$

6.17 Aufbau der Atomkerne

$$A = Z + N$$

Dabei bedeuten:
A = Massenzahl oder Nukleonenzahl des Atomkerns,
Z = Protonenzahl des Atomkerns,
N = Neutronenzahl des Atomkerns.

Gesetzliche Einheiten:
$[A] = [Z] = [N] = 1$

6.18 Radius der Atomkerne

$$r \approx r_0 \sqrt{A}$$

$$r_0 \approx 1{,}42 \cdot 10^{-15}\ \mathrm{m}$$

Dabei bedeuten:
r_0 = Radius des Wasserstoffkerns oder des Protons,
A = Massenzahl des Atomkerns.

Gesetzliche Einheiten:
$[r] = 1\ \mathrm{m}$
$[A] = 1$

6.19 Wirkungsquerschnitt einer Atomreaktion

$$\sigma = \frac{\Delta N}{N} \cdot \frac{V}{\Delta x} \cdot \frac{1}{n} = \frac{\Delta N}{N} \cdot \frac{A \cdot \Delta x}{\Delta x} \cdot \frac{1}{n} = \frac{\Delta N}{N} \cdot A \cdot \frac{1}{n}$$

Dabei bedeuten:
σ = Wirkungsquerschnitt,
n = Anzahl der in dem Volumen V gleichmäßig verteilten Atomkernen,
N = Anzahl der Teilchen eines Teilchenstrahles, die um die kurze Wegstrecke Δx in das Volumen V eindringen,
$\frac{\Delta N}{N}$ = Bruchteil der Teilchen, die mit Atomkernen in Wechselwirkung treten,
A = Fläche einer Folie mit der Dicke Δx,
V = $A \cdot \Delta x$.

Gesetzliche Einheiten:
$[\sigma] = 1\ \mathrm{m}^2$
$[n] = [N] = 1$
$[V] = 1\ \mathrm{m}^3$
$[\Delta x] = 1\ \mathrm{m}$
$[A] = 1\ \mathrm{m}^2$

6.20 Massendefekt von Atomkernen

$$\Delta m = Z m_{\mathrm{p}} + N m_{\mathrm{n}} - m$$

Dabei bedeuten:
Δm = Massendefekt,
Z = Anzahl der Protonen im Atomkern,
N = Anzahl der Neutronen im Atomkern,
m_{p} = Ruhmasse des Protons,
m_{p} = Ruhmasse des Neutrons,
m = Masse des Atomkerns.

Gesetzliche Einheiten:
$[Z] = [N] = 1$
$[m] = 1\ \mathrm{kg}$

6.21 Ionendosis einer ionisierenden Strahlung

$$I = \lim_{\Delta m \to 0} \frac{\Delta Q}{\Delta m} = \frac{\mathrm{d}Q}{\mathrm{d}m}$$

Dabei bedeuten:
I = Ionendosis,
ΔQ = Ladung der von der Strahlung durch unmittelbare und mittelbare Ionisation in trockener Luft von 0 °C und 1013 mbar erzeugten Ionen eines Vorzeichens,
Δm = Masse der durchstrahlten Substanz.

Gesetzliche Einheiten:
$[I] = 1\ \mathrm{C\,kg}^{-1}$
$[\Delta Q] = 1\ \mathrm{C}$
$[\Delta m] = 1\ \mathrm{kg}$

6.22 Energiedosis oder Äquivalentdosis einer ionisierenden Strahlung

$$K = \lim_{\Delta m \to 0} \frac{\Delta W}{\Delta m} = \frac{\mathrm{d}W}{\mathrm{d}m}$$

Dabei bedeuten:
K = Energiedosis,
ΔW = von der durchstrahlten Substanz absorbierte Energie,
Δm = Masse der durchstrahlten Substanz.

Gesetzliche Einheiten:
$[K] = 1\ \mathrm{Gy} = 1\ \mathrm{J\,kg}^{-1}$
$[\Delta W] = 1\ \mathrm{J}$
$[\Delta m] = 1\ \mathrm{kg}$

II Einheiten

1 Die gesetzlichen Basisgrößen und Einheiten

<table>
<tr><th colspan="2">Basisgrößen</th><th colspan="2">Basiseinheiten</th></tr>
<tr><th>Name</th><th>Formelzeichen</th><th>Name</th><th>Einheitenzeichen</th></tr>
<tr><td>1. Länge</td><td>$\vec{l}, \vec{r}, \vec{s}, \vec{b}, \vec{h}, \ldots$</td><td>1 Meter</td><td>1 m</td></tr>
<tr><td colspan="4">Gesetzliche Definition:
Die Basiseinheit 1 Meter ist das 1 650 762,73-fache der Wellenlänge der von Atomen des Nuklids ^{86}Kr beim Übergang vom Zustand $5d_5$ zum Zustand $2p_{10}$ ausgesandten, sich im Vakuum ausbreitenden Strahlung.</td></tr>
<tr><td>2. Masse[1])</td><td>m</td><td>1 Kilogramm</td><td>1 kg</td></tr>
<tr><td colspan="4">Gesetzliche Definition:
Die Basiseinheit 1 Kilogramm ist die Masse des Internationalen Kilogrammprototyps.</td></tr>
<tr><td>3. Zeit</td><td>t</td><td>1 Sekunde</td><td>1 s</td></tr>
<tr><td colspan="4">Gesetzliche Definition:
Die Basiseinheit 1 Sekunde ist das 9 192 631 770-fache der Periodendauer der dem Übergang zwischen den beiden Hyperfeinstrukturniveaus des Grundzustandes von Atomen des Nuklids ^{133}Cr entsprechenden Strahlung.</td></tr>
<tr><td>4. Stromstärke</td><td>I</td><td>1 Ampere</td><td>1 A</td></tr>
<tr><td colspan="4">Gesetzliche Definition:
Die Basiseinheit 1 Ampere ist die Stärke eines zeitlich unveränderlichen elektrischen Stromes, der, durch zwei im Vakuum parallel im Abstand 1 Meter voneinander angeordnete, geradlinige, unendlich lange Leiter von vernachlässigbar kleinem, kreisförmigen Querschnitt fließend, zwischen diesen Leitern je 1 Meter Leiterlänge elektrodynamisch die Kraft $\frac{1}{5000000}$ Kilogrammmeter durch Sekundequadrat hervorrufen würde.</td></tr>
<tr><td>5. Temperatur[2])</td><td>T oder
ϑ</td><td>1 Kelvin oder
1 °Celsius</td><td>1 K oder
1 °C</td></tr>
<tr><td colspan="4">Gesetzliche Definition:
Die Basiseinheit 1 Kelvin ist der 273,16te Teil der thermodynamischen Temperatur des Tripelpunktes des Wassers.</td></tr>
<tr><td>6. Stoffmenge</td><td>n</td><td>1 Mol</td><td>1 mol</td></tr>
<tr><td colspan="4">Gesetzliche Definition:
Die Basiseinheit 1 Mol ist die Stoffmenge eines Systems bestimmter Zusammensetzung, der aus ebenso vielen Teilchen besteht, wie Atome in $\frac{12}{1000}$ Kilogramm des Nuklids ^{12}C enthalten sind.</td></tr>
<tr><td>7. Lichtstärke</td><td>I_L</td><td>1 Candela</td><td>1 cd</td></tr>
<tr><td colspan="4">Gesetzliche Definition:
Die Basiseinheit 1 Candela ist die Lichtstärke, mit der $\frac{1}{600000}$ Quadratmeter eines Schwarzen Strahlers bei der Temperatur des beim Druck 101 325 Kilogramm durch Meter und durch Sekundequadrat erstarrenden Platins senkrecht zu seiner Oberfläche leuchtet.</td></tr>
</table>

[1]) Als besonderer Name wird die *Tonne* (Einheitenzeichen: t) zugelassen. Es gilt:

$$1\ \text{t} = 1000\ \text{kg}$$

Einheiten des Gewichts als einer im geschäftlichen Verkehr bei der Angabe von Warenmengen benutzten Bezeichnung für die Masse sind die *Masseneinheiten*.

[2]) Die *Temperatureinheit 1 °Celsius* ist nach den Bestimmungen des Gesetzes als besonderer Name für das Kelvin zu betrachten.

2 Die atomphysikalischen Größen und Einheiten

Atomphysikalische Größen		*Atomphysikalische Einheiten*	
Name	*Formelzeichen*	*Name*	*Einheitenzeichen*
1. Masse	m	**1 atomare Masseneinheit**	1 u
Gesetzliche Definition: Die *atomphysikalische Einheit der Masse 1 atomare Masseneinheit* ist der 12. Teil der Masse eines Atoms des Nuklids ^{12}C.			
2. Energie	W	**1 Elektronenvolt**	1 eV
Gesetzliche Definition: Die *atomphysikalische Einheit der Energie 1 Elektronenvolt* ist die Energie, die ein Elektron beim Durchlaufen einer Potenzialdifferenz von 1 Volt im Vakuum gewinnt.			

3 Die abgeleiteten physikalischen Größen und Einheiten

In der folgenden Tabelle werden die Definitionen für die wichtigsten physikalischen Einheiten des Internationalen Einheitensystems zusammengestellt und begründet. Soweit das *Gesetz über Einheiten im Messwesen* und die zugehörigen Ausführungsverordnungen die Definition enthalten, sind sie wörtlich übernommen worden.

3.1 Mechanik

Abgeleitete Größen		*Abgeleitete Einheiten*	
Name	*Formelzeichen und Verknüpfung*	*Name*	*Einheitenzeichen*
1. Fläche	$A = l_1 \cdot l_2$	**1 Quadratmeter**	$1\ \mathrm{m}^2$
Definition: *1 Quadratmeter* ist gleich der Fläche eines Quadrates von der Seitenlänge 1 m.			
2. Volumen	$V = l_1 \cdot l_2 \cdot l_3$	**1 Kubikmeter**	$1\ \mathrm{m}^3$
Definition: *1 Kubikmeter* ist gleich dem Volumen eines Würfels von der Seitenlänge 1 m.			
3. Ebener Winkel	$\varphi = \frac{l_1}{l_2}$	**1 Radiant**	$\mathrm{rad} = \frac{1\ \mathrm{m}}{1\ \mathrm{m}} = 1$
Definition: *1 Radiant* ist gleich dem ebenen Winkel, der als Zentriwinkel eines Kreises vom Halbmesser 1 m aus dem Kreis einen Bogen der Länge 1 m ausschneidet.			
4. Räumlicher Winkel	$\Omega = \frac{A}{l^2}$	**1 Steradiant**	$1\ \mathrm{sr} = \frac{1\ \mathrm{m}^2}{1\ \mathrm{m}^2} = 1$
Definition: *1 Steradiant* ist gleich dem räumlichen Winkel, der als gerader Kreiskegel mit der Spitze im Mittelpunkt einer Kugel vom Halbmesser 1 m aus der Kugeloberfläche eine Kalotte der Fläche $1\ \mathrm{m}^2$ ausschneidet.			

Abgeleitete Größen		*Abgeleitete Einheiten*	
Name	*Formelzeichen und Verknüpfung*	*Name*	*Einheitenzeichen*
5. Geschwindigkeit	$\vec{v} = \frac{\vec{s}}{t}$	**1 Meter durch Sekunde**[1]	$1\ \mathrm{m\,s^{-1}}$
Definition: *1 Meter durch Sekunde* ist gleich der Geschwindigkeit eines sich gleichförmig und geradlinig bewegenden Körpers, der während der Zeit 1 s die Strecke 1 m zurücklegt.			
6. Beschleunigung	$\vec{a} = \frac{\vec{v}}{t}$	**1 Meter durch Sekundequadrat**	$1\ \mathrm{m\,s^{-2}}$
Definition: *1 Meter durch Sekundequadrat* ist gleich der Beschleunigung eines sich geradlinig bewegenden Körpers, dessen Geschwindigkeit sich während der Zeit 1 s gleichmäßig um $1\ \mathrm{m\,s^{-1}}$ ändert.			
7. Frequenz	$f = \frac{n}{t}$	**1 Hertz**	$1\ \mathrm{Hz} = 1\ \mathrm{s^{-1}}$
Definition: *1 Hertz* ist gleich der Frequenz eines periodischen Vorgangs der Periodendauer 1 s.			
8. Winkelgeschwindigkeit	$\omega = \frac{\varphi}{t}$	**1 Radiant durch Sekunde**	$1\ \mathrm{rad\,s^{-1}} = 1\ \mathrm{s^{-1}}$
Definition: *1 Radiant durch Sekunde* ist gleich der Winkelgeschwindigkeit eines gleichförmig rotierenden Körpers, der sich während der Zeit 1 s um den Winkel 1 rad um die Rotationsachse dreht.			
9. Winkelbeschleunigung	$\alpha = \frac{\omega}{t}$	**1 Radiant durch Sekundequadrat**	$1\ \mathrm{rad\,s^{-2}} = 1\ \mathrm{s^{-2}}$
Definition: *1 Radiant durch Sekundequadrat* ist gleich der Winkelbeschleunigung eines Körpers, dessen Winkelgeschwindigkeit sich während der Zeit 1 s gleichmäßig um $1\ \mathrm{rad\,s^{-1}}$ ändert.			
10. Dichte	$\rho = \frac{m}{V}$	**1 Kilogramm durch Kubikmeter**	$1\ \mathrm{kg\,m^{-3}}$
Definition: *1Kilogramm durch Kubikmeter* ist gleich der Dichte eines homogenen Körpers, der bei der Masse 1 kg das Volumen $1\ \mathrm{m^3}$ einnimmt.			
11. Kraft	$\vec{F} = m\vec{a}$	**1 Newton**	$1\ \mathrm{N} = 1\ \mathrm{kg\,m\,s^{-2}}$
Definition: *1 Newton* ist gleich der Kraft, die einem Körper der Masse 1 kg die Beschleunigung $1\ \mathrm{m\,s^{-2}}$ erteilt.			
12. Arbeit, Energie	$W = \vec{F}\,\vec{s}$	**1 Joule**	$1\ \mathrm{J} = 1\ \mathrm{Nm} = 1\ \mathrm{kg\,m^2\,s^{-2}}$
Definition: *1 Joule* ist gleich der Arbeit, die verrichtet wird, wenn der Angriffspunkt der Kraft 1 N in Richtung der Kraft um 1 m verschoben wird.			

[1]) Bei den gesetzlichen Definitionen der Einheiten wird stets das ausgeschriebene Wort *durch* verwendet. Damit soll der Unterschied zwischen *je* oder *pro* auf der einen Seite und *durch* auf der anderen Seite betont werden.

Beispiel:
1 Kilogramm *je* Kubikmeter ist eine Massenangabe und bedeutet die in einem Kubikmeter enthaltene Masse.
1 Kilogramm *durch* Kubikmeter stellt dagegen die Einheit der Dichte dar.

Abgeleitete Größen		*Abgeleitete Einheiten*	
Name	*Formelzeichen und Verknüpfung*	*Name*	*Einheitenzeichen*
13. Leistung	$P = \frac{W}{t}$	**1 Watt**	$1\,W = 1\,J\,s^{-1}$ $= 1\,kg\,m^2\,s^{-3}$
Definition: *1 Watt* ist gleich der Leistung, bei der während der Zeit 1 s die Energie 1 J umgesetzt wird.			
14. Impuls oder **Bewegungsgröße**	$\vec{p} = m\vec{v}$	**1 Newtonsekunde**	$1\,Ns = 1\,kg\,m\,s^{-1}$
Definition: *1 Newtonsekunde* ist der Impuls, der entsteht, wenn die Kraft 1 N während der Zeit 1 s auf einen Körper wirkt.			
15. Kraftstoß	$\vec{P} = \vec{F} \cdot \Delta t$	**1 Newtonsekunde**	$1\,Ns = 1\,kg\,m\,s^{-1}$
Definition: Siehe Nr. 14.			
16. Drehmoment	$\vec{M} = \vec{r} \times \vec{F}$	**1 Newtonmeter**	$1\,Nm = 1\,kg\,m^2\,s^{-2}$
Definition: *1 Newtonmeter* ist das Drehmoment, das entsteht, wenn die Kraft 1 N an dem Kraftarm 1 m wirkt und die Vektoren von Kraft und Kraftarm aufeinander senkrecht stehen.			
17. Trägheits-moment oder **Drehmasse**	$J = m\,r^2$	**1 Kilogramm mal Meterquadrat**	$1\,kg\,m^2$
Definition: *1 Kilogramm mal Meterquadrat* ist gleich dem Trägheitsmoment, das ein Massenpunkt mit der Masse 1 kg besitzt, der im Abstand 1 m um eine feste Drehachse rotiert.			
18. Drehimpuls oder **Drall**	$L = J\,\omega$	**1 Joulesekunde**	$1\,Js = kg\,m^2\,s^{-1}$
Definition: *1 Joulesekunde* ist gleich dem Drehimpuls, den ein starrer, um eine feste Achse rotierender Körper mit dem Trägheitsmoment 1 Kilogramm mal Meterquadrat und der Winkelgeschwindigkeit 1 s^{-1} besitzt.			
19. Gravitations-feldstärke	$\vec{G}_{gr} = \frac{\vec{F}}{m}$	**1 Newton durch Kilogramm**	$1\,N\,kg^{-1} = 1\,m\,s^{-2}$
Definition: *1 Newton durch Kilogramm* ist diejenige Gravitationsfeldstärke, bei der auf die Masse 1 kg die Kraft 1 N ausgeübt wird.			
20. Gravitations-potenzial	$V = \frac{W}{m}$	**1 Joule durch Kilogramm**	$1\,J\,kg^{-1} = 1\,m^2\,s^{-2}$
Definition: *1 Joule durch Kilogramm* ist das Gravitationspotenzial zwischen zwei Punkten eines Gravitationsfeldes, wenn die Arbeit 1 J erforderlich ist, um die Masse 1 kg von dem einen zu dem anderen Feldpunkt zu bewegen.			
21. Richtgröße oder **Direktionsgröße**	$D = \frac{F}{s}$	**1 Kilogramm durch Sekundequadrat**	$1\,N\,m^{-1} = 1\,kg\,s^{-2}$
Definition: *1 Kilogramm durch Sekundequadrat* ist die bei einer harmonischen Schwingung auftretende Richtgröße, die bei der Elongation von 1 m die Rückstellkraft von 1 N bewirkt.			

<table>
<tr><th colspan="2">Abgeleitete Größen</th><th colspan="2">Abgeleitete Einheiten</th></tr>
<tr><th>Name</th><th>Formelzeichen und Verknüpfung</th><th>Name</th><th>Einheitenzeichen</th></tr>
<tr><td>22. Wellenzahl</td><td>$N = \frac{n}{l} = \frac{1}{\lambda}$</td><td>1 durch Meter</td><td>$1\ \mathrm{m^{-1}}$</td></tr>
<tr><td colspan="4">Definition:
1 durch Meter ist diejenige Wellenzahl einer Wellenbewegung, bei der eine Wellenlänge auf der Strecke 1 m entfällt.</td></tr>
<tr><td>23. Druck</td><td>$p = \frac{F}{A}$</td><td>1 Pascal</td><td>$1\ \mathrm{Pa} = 1\ \mathrm{N\,m^{-2}}$
$= 1\ \mathrm{kg\,m^{-1}\,s^{-2}}$</td></tr>
<tr><td colspan="4">Definition:
1 Pascal ist gleich dem auf eine Fläche gleichmäßig wirkenden Druck, bei dem senkrecht auf die Fläche 1 $\mathrm{m^2}$ die Kraft 1 N ausgeübt wird.
1 Bar ist ein besonderer Name für den zehnten Teil des Megapascal. Es gilt also
$1\ \mathrm{bar} = 100\,000\ \mathrm{Pa}.$</td></tr>
<tr><td>24. Mechanischen Spannung</td><td>$\sigma = \frac{F}{A}$</td><td>1 Pascal</td><td>$1\ \mathrm{Pa} = 1\ \mathrm{N\,m^{-2}}$
$= 1\ \mathrm{kg\,m^{-1}\,s^{-2}}$</td></tr>
<tr><td colspan="4">Definition:
1 Pascal ist gleich der auf eine Fläche gleichmäßig wirkenden mechanischen Spannung, bei der senkrecht auf die Fläche 1 $\mathrm{m^2}$ die Kraft 1 N ausgeübt wird.</td></tr>
<tr><td>25. Dynamische Viskosität</td><td>$\eta = \frac{F z}{A v}$</td><td>1 Pascalsekunde</td><td>$1\ \mathrm{Pa\,s} = 1\ \mathrm{N\,m^{-2}\,s}$
$= 1\ \mathrm{kg\,m^{-1}\,s^{-1}}$</td></tr>
<tr><td colspan="4">Definition:
1 Pascalsekunde ist gleich der dynamischen Viskosität eines laminar strömenden, homogenen Fluids, in dem zwischen zwei ebenen, parallel im Abstand 1 m angeordneten Schichten mit dem Geschwindigkeitsunterschied 1 $\mathrm{m\,s^{-1}}$ die Schubspannung 1 Pa herrscht.</td></tr>
<tr><td>26. Kinematische Viskosität</td><td>$\nu = \frac{\eta}{\rho}$</td><td>1 Quadratmeter durch Sekunde</td><td>$1\ \mathrm{m^2\,s^{-1}}$</td></tr>
<tr><td colspan="4">Definition:
1 Quadratmeter durch Sekunde ist gleich der kinematischen Viskosität eines homogenen Fluids der dynamischen Viskosität 1 Pa s und der Dichte 1 $\mathrm{kg\,m^{-3}}$.</td></tr>
</table>

3.2 Wärme

<table>
<tr><th colspan="2">Abgeleitete Größen</th><th colspan="2">Abgeleitete Einheiten</th></tr>
<tr><th>Name</th><th>Formelzeichen und Verknüpfung</th><th>Name</th><th>Einheitenzeichen</th></tr>
<tr><td>27. Wärmekapazität</td><td>$C = \frac{\Delta Q}{\Delta T}$</td><td>1 Joule durch Kelvin</td><td>$1\ \mathrm{J\,K^{-1}} =$
$1\ \mathrm{kg\,m^2\,s^{-2}\,K^{-1}}$</td></tr>
<tr><td colspan="4">Definition:
1 Joule durch Kelvin ist gleich der Wärmekapazität eines homogenen Stoffes, dem die Wärmemenge 1 J zugeführt werden muss, damit die Temperaturerhöhung 1 K beträgt.</td></tr>
<tr><td>28. Spezifische Wärmekapazität</td><td>$c = \frac{\Delta Q}{m \cdot \Delta T}$</td><td>1 Joule durch Kilogramm und Kelvin</td><td>$1\ \mathrm{J\,kg^{-1}\,K^{-1}} =$
$1\ \mathrm{m^2\,s^{-2}\,K^{-1}}$</td></tr>
<tr><td colspan="4">Definition:
1 Joule durch Kilogramm und Kelvin ist gleich der spezifischen Wärmekapazität eines homogenen Stoffes mit der Masse 1 kg dem die Wärmemenge 1 J zugeführt werden muss, damit die Temperaturerhöhung 1 K beträgt.</td></tr>
</table>

Abgeleitete Größen		*Abgeleitete Einheiten*	
Name	*Formelzeichen und Verknüpfung*	*Name*	*Einheitenzeichen*
29. Molare Masse	$m_{\text{Molar}} = \frac{m}{n}$	**1 Kilogramm durch Mol**	$1\ \text{kg}\,\text{mol}^{-1}$
Definition: *1 Kilogramm durch Mol* ist gleich der molaren Masse eines homogenen Stoffes, der bei der Masse 1 kg die Stoffmenge 1 mol hat.			
30. Molares Volumen	$V_{\text{Molar}} = \frac{V}{n}$	**1 Kubikmeter durch Mol**	$1\ \text{m}^3\,\text{mol}^{-1}$
Definition: *1 Kubikmeter durch Mol* ist gleich dem molaren Volumen eines homogenen Stoffes, der bei dem Volumen 1 m^3 die Stoffmenge 1 mol hat.			
31. Molare Wärmekapazität	$C_{\text{Molar}} = \frac{C}{n}$	**1 Joule durch Kelvin und Mol**	$1\ \text{J}\,\text{K}^{-1}\,\text{mol}^{-1} = 1\ \text{kg}\,\text{m}^2\,\text{s}^{-2}\,\text{K}^{-1}\,\text{mol}^{-1}$
Definition: *1 Joule durch Kelvin und Mol* ist gleich der molaren Wärmekapazität eines Stoffes mit der Stoffmenge 1 mol, dem die Wärmemenge 1 J zugeführt werden muss, damit die Temperaturerhöhung 1 K beträgt.			

3.3 Elektrizität und Magnetismus

Abgeleitete Größen		*Abgeleitete Einheiten*	
Name	*Formelzeichen und Verknüpfung*	*Name*	*Einheitenzeichen*
32. Elektrische Ladung	$Q = It$	**1 Coulomb = 1 Amperesekunde**	$1\ \text{C} = 1\ \text{A}\,\text{s}$
Definition: *1 Coulomb* ist gleich der Elektrizitätsmenge, die während der Zeit 1 s bei einem zeitlich unveränderlichen elektrischen Strom der Stärke 1 A durch den Querschnitt eines Leiters fließt.			
33. Elektrische Spannung oder **elektrische Potenzialdifferenz**	$U = \frac{P_{\text{El}}}{I}$	**1 Volt**	$1\ \text{V} = 1\ \text{W}\,\text{A}^{-1} = 1\ \text{J}\,\text{C}^{-1} = 1\ \text{kg}\,\text{m}^2\,\text{s}^{-3}\,\text{A}^{-1}$
Definition: *1 Volt* ist gleich der elektrischen Spannung oder Potenzialdifferenz zwischen zwei Punkten eines fadenförmigen, homogenen und gleichmäßig temperierten metallischen Leiters, in dem bei einem zeitlich unveränderlichen elektrischen Strom der Stärke 1 A zwischen den beiden Punkten die Leistung 1 W umgesetzt wird.			
34. Elektrischer Widerstand	$R = \frac{U}{I}$	**1 Ohm**	$1\ \Omega = 1\ \text{V}\,\text{A}^{-1} = 1\ \text{kg}\,\text{m}^2\,\text{s}^{-3}\,\text{A}^{-2}$
Definition: *1 Ohm* ist gleich dem elektrischen Widerstand zwischen zwei Punkten eines fadenförmigen, homogenen und gleichmäßig temperierten metallischen Leiters, durch den bei der elektrischen Spannung 1 V zwischen den beiden Punkten ein zeitlich unveränderlicher elektrischer Strom der Stärke 1 A fließt.			

<table>
<tr><th colspan="2">Abgeleitete Größen</th><th colspan="2">Abgeleitete Einheiten</th></tr>
<tr><th>Name</th><th>Formelzeichen und Verknüpfung</th><th>Name</th><th>Einheitenzeichen</th></tr>
<tr><td>35. Elektrischer Leitwert</td><td>$G = \frac{1}{R}$</td><td>1 Siemens</td><td>$1\,\mathrm{S} = 1\,\Omega^{-1}$
$= 1\,\mathrm{kg^{-1}\,m^{-2}\,s^{3}\,A^{2}}$</td></tr>
<tr><td colspan="4">Definition:
1 Siemens ist gleich dem elektrischen Leitwert eines Leiters vom elektrischen Widerstand 1 Ω.</td></tr>
<tr><td>36. Kapazität</td><td>$C = \frac{Q}{U}$</td><td>1 Farad</td><td>$1\,\mathrm{F} = 1\,\mathrm{C\,V^{-1}}$
$= 1\,\mathrm{kg^{-1}\,m^{-2}\,s^{4}\,A^{2}}$</td></tr>
<tr><td colspan="4">Definition:
1 Farad ist gleich der elektrischen Kapazität eines Kondensators, der durch die Elektrizitätsmenge 1 C auf die elektrische Spannung 1 V aufgeladen wird.</td></tr>
<tr><td>37. Elektrische Feldstärke</td><td>$E = \frac{U}{d}$</td><td>1 Volt durch Meter</td><td>$1\,\mathrm{V\,m^{-1}}$
$= 1\,\mathrm{kg\,m\,s^{-3}\,A^{-1}}$</td></tr>
<tr><td colspan="4">Definition:
1 Volt durch Meter ist gleich der elektrischen Feldstärke eines homogenen elektrischen Feldes, in dem die Potenzialdifferenz zwischen zwei Punkten im Abstand 1 m in Richtung des Feldes 1 V beträgt.</td></tr>
<tr><td>38. Elektrische Flussdichte oder elektrische Verschiebung</td><td>$D = \frac{Q}{A}$</td><td>1 Coulomb durch Quadratmeter</td><td>$1\,\mathrm{C\,M^{-2}} = 1\,\mathrm{m^{-1}\,s\,A}$</td></tr>
<tr><td colspan="4">Definition:
1 Coulomb durch Quadratmeter ist gleich der elektrischen Flussdichte oder Verschiebung in einem Plattenkondensator, dessen beide im Vakuum parallel zueinander angeordnete, unendlich ausgedehnte Platten je Fläche 1 $\mathrm{m^2}$ gleichmäßig mit der Elektrizitätsmenge 1 C aufgeladen wären.</td></tr>
<tr><td>39. Elektrischer Fluss</td><td>$\Psi = \varepsilon_0 E A = Q$</td><td>1 Amperesekunde</td><td>$1\,\mathrm{A\,s} = 1\,\mathrm{C}$</td></tr>
<tr><td colspan="4">Definition:
1 Amperesekunde ist gleich dem elektrischen Fluss durch eine beliebige geschlossene Fläche, die die elektrische Ladung 1 C einschließt.</td></tr>
<tr><td>40. Magnetischer Fluss</td><td>$\Delta\Phi = U_{\mathrm{ind}} \cdot \Delta t$</td><td>1 Weber =
1 Voltsekunde</td><td>$1\,\mathrm{Wb} = 1\,\mathrm{V\,s}$
$= 1\,\mathrm{kg\,m^{2}\,s^{-2}\,A^{-1}}$</td></tr>
<tr><td colspan="4">Definition:
1 Weber ist gleich dem magnetischen Fluss, bei dessen gleichmäßiger Abnahme während der Zeit 1 s auf null in einer ihn umschließenden Windung die elektrische Spannung 1 V induziert wird.
Das Weber darf auch als Voltsekunde bezeichnet werden.</td></tr>
<tr><td>41. Magnetische Flussdichte oder magnetische Induktion</td><td>$B = \frac{\Phi}{A}$</td><td>1 Tesla</td><td>$1\,\mathrm{T} = 1\,\mathrm{V\,s\,m^{-2}}$
$= 1\,\mathrm{kg\,s^{-2}\,A^{-1}}$</td></tr>
<tr><td colspan="4">Definition:
1 Tesla ist gleich der Flächendichte des homogenen magnetischen Flusses 1 Wb, der die Fläche 1 $\mathrm{m^2}$ senkrecht durchsetzt.</td></tr>
<tr><td>42. Magnetische Feldstärke</td><td>$H = \frac{I}{2\pi r}$</td><td>1 Ampere durch Meter</td><td>$1\,\mathrm{A\,m^{-1}}$</td></tr>
<tr><td colspan="4">Definition:
1 Ampere durch Meter ist gleich der magnetischen Feldstärke, die ein durch einen unendlich langen Leiter von kreisförmigem Querschnitt fließender elektrischer Strom der Stärke 1 A im Vakuum außerhalb des Leiters auf dem Rand einer zum Leiterquerschnitt konzentrischen Kreisfläche vom Umfang 1 m hervorgerufen würde.</td></tr>
</table>

<table>
<tr><th colspan="2">Abgeleitete Größen</th><th colspan="2">Abgeleitete Einheiten</th></tr>
<tr><th>Name</th><th>Formelzeichen und Verknüpfung</th><th>Name</th><th>Einheitenzeichen</th></tr>
<tr><td>43. Induktivität</td><td>$L = \frac{U_{\mathrm{ind}}}{\frac{\Delta I}{\Delta t}}$</td><td>1 Henry</td><td>$1\ \mathrm{H} = 1\ \mathrm{V\,s\,A^{-1}} = 1\ \mathrm{kg\,m^2\,s^{-2}\,A^{-2}}$</td></tr>
<tr><td colspan="4">Definition:
1 Henry ist gleich der Induktivität einer geschlossenen Windung die, von einem elektrischen Strom der Stärke 1 A durchflossen, im Vakuum den magnetischen Fluss 1 Wb umschlingt.</td></tr>
<tr><td>44. Elektrisches Moment</td><td>$\vec{p} = Q \cdot \vec{l}$</td><td>1 Coulombmeter</td><td>$1\ \mathrm{Cm} = 1\ \mathrm{m\,s\,A}$</td></tr>
<tr><td colspan="4">Definition:
1 Coulombmeter ist gleich dem elektrischen Moment eines elektrischen Dipols, bei dem sich zwei einander entgegengesetzte elektrische Punktladungen von +1 C und −1 C im Abstand 1 m befinden.</td></tr>
<tr><td>45. Magnetisches Moment</td><td>$m = n I A$
Spule</td><td>1 Ampere mal Quadratmeter</td><td>$1\ \mathrm{A\,m^2}$</td></tr>
<tr><td colspan="4">Definition:
1 Ampere mal Quadratmeter ist gleich dem magnetischen Moment einer stromdurchflossenen Leiterschleife mit 1 Windung und der Fläche 1 m^2, in der die Stromstärke 1 A herrscht.</td></tr>
<tr><td>46. Elektrochemisches Äquivalent</td><td>$\ddot{A} = \frac{m}{Q}$</td><td>1 Kilogramm durch Coulomb</td><td>$1\ \mathrm{kg\,C^{-1}} = 1\ \mathrm{kg\,s^{-1}\,A^{-1}}$</td></tr>
<tr><td colspan="4">Definition:
1 Kilogramm durch Coulomb ist gleich dem elektrochemischen Äquivalent eines aus einem Elektrolyten abgeschiedenen Stoffes, bei dem die Ladung 1 C transportiert werden muss, um die Masse 1 kg abzuscheiden.</td></tr>
</table>

3.4 Optik

<table>
<tr><th colspan="2">Abgeleitete Größen</th><th colspan="2">Abgeleitete Einheiten</th></tr>
<tr><th>Name</th><th>Formelzeichen und Verknüpfung</th><th>Name</th><th>Einheitenzeichen</th></tr>
<tr><td>47. Lichtstrom</td><td>$\Phi = I_{\mathrm{L}}\,\Omega$</td><td>1 Lumen</td><td>$1\ \mathrm{lm} = 1\ \mathrm{cd\,sr}$</td></tr>
<tr><td colspan="4">Definition:
1 Lumen ist gleich dem Lichtstrom, den eine punktförmige Lichtquelle mit der Lichtstärke 1 cd gleichmäßig nach allen Richtungen in den Raumwinkel 1 sr aussendet.</td></tr>
<tr><td>48. Beleuchtungsstärke</td><td>$E = \frac{\Phi}{A}$</td><td>1 Lux</td><td>$1\ \mathrm{lx} = 1\ \mathrm{cd\,sr\,m^{-2}}$</td></tr>
<tr><td colspan="4">Definition:
1 Lux ist gleich der Beleuchtungsstärke, die auf einer Fläche herrscht, wenn auf 1 m^2 der Fläche verteilt der Lichtstrom 1 lm fällt.</td></tr>
<tr><td>49. Leuchtdichte</td><td>$L = \frac{I_{\mathrm{L}}}{A}$</td><td>1 Candela durch Quadratmeter</td><td>$1\ \mathrm{cd\,m^{-2}}$</td></tr>
<tr><td colspan="4">Definition:
1 Candela durch Quadratmeter ist gleich dem 600 000. Teil der Leuchtdichte eines Schwarzen Strahlers bei der Temperatur des beim Druck 101 325 Pa erstarrenden Platins.</td></tr>
</table>

3.5 Atome

<table>
<tr><th colspan="2">Abgeleitete Größen</th><th colspan="2">Abgeleitete Einheiten</th></tr>
<tr><th>Name</th><th>Formelzeichen und Verknüpfung</th><th>Name</th><th>Einheitenzeichen</th></tr>
<tr><td>50. Radiologische Aktivität</td><td>$A = \frac{\Delta N}{\Delta t}$</td><td>1 Becquerel</td><td>$1\ \mathrm{Bg} = 1\ \mathrm{s}^{-1}$</td></tr>
<tr><td colspan="4">Definition:
1 Becquerel ist gleich der Aktivität einer Menge eines radioaktiven Nuklids, in der der Quotient aus dem statischen Erwartungswert für die Anzahl der Umwandlungen oder isomeren Übergänge und der Zeitspanne, in der diese Umwandlungen oder Übergänge stattfinden, bei abnehmbarer Zeitspanne dem Grenzwert $1\ \mathrm{s}^{-1}$ zustrebt.</td></tr>
<tr><td>51. Energiedosis oder Äquivalentdosis</td><td>$K = \frac{\Delta W}{\Delta m}$</td><td>1 Gray</td><td>$1\ \mathrm{Gy} = 1\ \mathrm{J\,kg}^{-1}$
$= 1\ \mathrm{m}^2\,\mathrm{s}^{-2}$</td></tr>
<tr><td colspan="4">Definition:
1 Gray ist gleich der Energie- oder Äquivalentdosis, die bei Übertragung der Energie 1 J auf Materie der Masse 1 kg durch ionisierende Strahlung räumlich konstanter Energieflussdichte entsteht.</td></tr>
<tr><td>52. Energiedosisrate oder Äquivalent-dosisrate oder -leistung</td><td>$\dot{K} = \frac{\Delta W}{\Delta t \cdot \Delta m}$</td><td>1 Watt durch Kilogramm</td><td>$1\ \mathrm{W\,kg}^{-1} = 1\ \mathrm{m}^2\,\mathrm{s}^{-3}$</td></tr>
<tr><td colspan="4">Definition:
1 Watt durch Kilogramm ist gleich der Energiedosis- oder Äquivalentdosisrate oder -leistung, bei der durch eine ionisierende Strahlung zeitlich unveränderlicher Energieflussdichte die Energie- oder Äquivalentdosis $1\ \mathrm{J\,kg}^{-1}$ während der Zeit 1 s entsteht.</td></tr>
<tr><td>53. Ionendosis</td><td>$I = \frac{\Delta Q}{\Delta m}$</td><td>1 Coulomb durch Kilogramm</td><td>$1\ \mathrm{C\,kg}^{-1} = 1\ \mathrm{A\,s\,kg}^{-1}$</td></tr>
<tr><td colspan="4">Definition:
1 Coulomb durch Kilogramm ist gleich der Ionendosis, die bei der Erzeugung von Ionen eines Vorzeichens mit der elektrischen Ladung 1 C in Luft der Masse 1 kg durch ionisierende Strahlung räumlich konstanter Energieflussdichte entsteht.</td></tr>
<tr><td>54. Ionendosisrate oder Ionendosis-leistung</td><td>$\dot{I} = \frac{\Delta Q}{\Delta t \cdot \Delta m}$</td><td>1 Ampere durch Kilogramm</td><td>$1\ \mathrm{A\,kg}^{-1}$</td></tr>
<tr><td colspan="4">Definition:
1 Ampere durch Kilogramm ist gleich der Ionisierungsrate oder -leistung, bei der durch eine ionisierende Strahlung zeitlich unveränderlicher Energieflussdichte die Ionendosis $1\ \mathrm{C\,kg}^{-1}$ während der Zeit 1 s entsteht.</td></tr>
</table>

III Gesetzliche Einheiten mit eingeschränktem Anwendungsbereich

Das *Gesetz über Einheiten im Messwesen* lässt für bestimmte Anwendungsbereiche weitere Einheitennamen und -zeichen zu, von denen im Folgenden die wichtigsten zusammengestellt sind.

1. Die *Dioptrie* (Einheitenzeichen: dpt) ist ein besonderer Name für die *Brechkraft* von optischen Systemen.
   1 *Dioptrie* ist gleich der Brechkraft eines optischen Systems mit der Brennweite 1 m in einem Medium mit der Brechzahl 1.

   $$1 \text{ dpt} = 1 \text{ m}^{-1}$$

2. Das *Ar* (Einheitenzeichen: a) ist ein besonderer Name für die *Flächeneinheit Quadratdekameter* (Einheitenzeichen dam^2) bei der Angabe der Fläche von Grundstücken. Es gilt

   $$1 \text{ a} = 100 \text{ m}^2$$

   Das *Hektar* (Einheitenzeichen: ha) ist das Hundertfache des Ar.

3. Das *metrische Karat* (Einheitenzeichen: Kt) ist ein besonderer Name für den fünftausendsten Teil des Kilogramms bei der Angabe der Masse von Edelsteinen. Es gilt

   $$1 \text{ Kt} = \tfrac{1}{5000} \text{ kg}.$$

IV Vielfache und Teile der physikalischen Einheiten

1 Dezimale Vielfache und Teile

Sowohl von den Basiseinheiten und den atomphysikalischen Einheiten als auch von den abgeleiteten Einheiten können dezimale Vielfache und Teile gebildet werden, indem man Vorsilben (Vorsätze) vor die Einheitennamen und die entsprechenden Kurzzeichen vor die Einheitenzeichen setzt. Das *Gesetz über Einheiten im Messwesen* lässt die folgenden Vorsätze und Kurzzeichen zu:

Vorsatz	Kurzzeichen	Bedeutung	Vorsatz	Kurzzeichen	Bedeutung
Exa	E	10^{18}-fach	Dezi	d	10^{-1}-fach
Peta	P	10^{15}-fach	Zenti	c	10^{-2}-fach
Tera	T	10^{12}-fach	Milli	m	10^{-3}-fach
Giga	G	10^{9}-fach	Mikro	μ	10^{-6}-fach
Mega	M	10^{6}-fach	Nano	n	10^{-9}-fach
Kilo	k	10^{3}-fach	Piko	p	10^{-12}-fach
Hekto	h	10^{2}-fach	Femto	f	10^{-15}-fach
Deka	da	10^{1}-fach	Atto	a	10^{-18}-fach

Über die Verwendung der Vorsätze und Kurzzeichen wird in dem *Gesetz über Einheiten im Messwesen* bestimmt:

a) Zur Bezeichnung eines dezimalen Vielfachen oder eines Teiles einer Einheit darf nicht mehr als ein Vorsatz verwendet werden.

Beispiel: Es ist nicht erlaubt zu schreiben

$$1\ \mathrm{t} = 1\ \mathrm{k\,kg}\ \text{(Kilokilogramm)}$$

sondern die Ableitung muss aus der Einheit Gramm (Einheitenzeichen: g) erfolgen und lautet dann:

$$1\ \mathrm{t} = 1\ \mathrm{Mg}\ \text{(Megagramm)}.$$

b) Der Vorsatz ist ohne Zwischenraum vor den Namen der Einheit und das Kurzzeichen des Vorsatzes ohne Zwischenraum vor das Kurzzeichen der Einheit zu setzen. Exponenten beziehen sich bei derart zusammengesetzten Kurzzeichen auf das ganze Kurzzeichen.

Beispiel:

$$1\ \mathrm{km}^2 = 1\ (\mathrm{km})^2 = 1 \cdot (10^3\ \mathrm{m})^2 = 10^6\ \mathrm{m}^2$$

Es ist also

$$1\ \mathrm{km}^2 \neq 10^3\ \mathrm{m}^2.$$

c) Wird eine Einheit als Produkt oder als Quotient aus dezimalen Vielfachen oder Teilen anderer Einheiten gebildet, so dürfen diese mit den oben genannten Vorsätzen und deren Kurzzeichen bezeichnet werden.

2 Nichtdezimale Vielfache und Teile

2.1 Die nichtdezimalen Vielfache der Zeiteinheit

In Abweichung von den übrigen Basiseinheiten lässt das *Gesetz über Einheiten im Messwesen* bei der *Zeiteinheit* nichtdezimale Vielfache der Basiseinheit Sekunde zu. Es wird bestimmt:

Abgeleitete Einheiten der Zeit sind:

a) die *Minute* (Einheitenzeichen: min) als Sechzigfaches der Sekunde.
$1\ \text{min} = 60\ \text{s}$

b) die *Stunde* (Einheitenzeichen: h) als Sechzigfaches der Minute.
$1\ \text{h} = 3600\ \text{s}$

c) der *Tag* (Einheitenzeichen: d) als Vierundzwanzigfaches der Stunde.
$1\ \text{d} = 86400\ \text{s}$

Hierbei ist weiterhin zu beachten, dass die Einheiten Minute, Stunde und Tag sowie ihre Einheitenzeichen nicht mit den oben genannten Vorsätzen und deren Kurzzeichen kombiniert werden dürfen.

Beispiel: Unzulässig sind Einheiten wie

1 Millistunde (Einheitenzeichen: mh) oder 1 Kilominute (Einheitenzeichen: kmin).

Dagegen dürfen die oben genannten Vorsätze auf die Zeiteinheit Sekunde angewendet werden.

Beispiel: Zulässig sind:

1 Millisekunde (Einheitenzeichen: ms) $= 10^{-3}$ s
1 Nanosekunde (Einheitenzeichen: ns) $= 10^{-9}$ s.

2.2 Die nichtdezimalen Vielfache und Teile der Winkeleinheit

Bei den Winkeln lässt das *Gesetz über Einheiten im Messwesen* nichtdezimale Vielfache und Teile der Einheit Radiant (Einheitenzeichen: rad) zu.
Abgeleitete Einheiten des ebenen Winkels sind:

a) der *Vollwinkel* (Einheitenzeichen: nicht festgelegt). Es gilt:
1 Vollwinkel $= 2\pi$ rad

b) der *rechte Winkel* oder der *Rechte* (Einheitenzeichen: ∟). Es gilt:
$1^{∟} = \frac{\pi}{2}$ rad

c) der *Grad* (Einheitenzeichen: °) als neunzigster Teil des rechten Winkels. Es gilt:
$1° = \frac{\pi}{180}$ rad

d) die *Minute* (Einheitenzeichen: ′) als sechzigster Teil des Grads. Es gilt:
$1' = \frac{\pi}{10800}$ rad

e) die *Sekunde* (Einheitenzeichen: ″) als sechzigster Teil der Minute. Es gilt:
$1'' = \frac{\pi}{648000}$ rad

f) das *Gon* (Einheitenzeichen: gon) als hundertster Teil des rechten Winkels. Es gilt:
$1\ \text{gon} = \frac{\pi}{200}$ rad

Die vorstehenden Einheitennamen und Einheitenzeichen für Winkel dürfen im Allgemeinen nicht mit den früher genannten Vorsätzen zu neuen Einheiten zusammengesetzt werden. Eine Ausnahme macht nur das Gon.

Beispiel:

1 Zentigon (Einheitenzeichen: cgon) $= \frac{\pi}{20000}$ rad $(= 1^{c})$.

V Die wichtigsten physikalischen Konstanten

Name	*Verknüpfung*	*Wert*
1. Lichtgeschwindigkeit im Vakuum	$c = \frac{s}{t}$	$c = 2{,}99792458 \cdot 10^{8}\ \mathrm{m\,s^{-1}}$
2. Gravitationskonstante	$G_s = \frac{F\,r^2}{m_1\,m_2}$	$G_s = 6{,}67384 \cdot 10^{-11}\ \mathrm{m^3\,kg^{-1}\,s^{-2}}$
3. Fallbeschleunigung (Normwert)	$g_n = \frac{2s}{t^2}$	$g_n = 9{,}80665\ \mathrm{m\,s^{-2}}$
4. Masse der Sonne	—	$m_S = 1{,}99 \cdot 10^{30}\ \mathrm{kg}$
5. Masse der Erde	—	$m_E = 5{,}97 \cdot 10^{24}\ \mathrm{kg}$
6. Masse des Mondes	—	$m_M = 7{,}35 \cdot 10^{22}\ \mathrm{kg}$
7. Radius der Erde (Mittelwert)	—	$r_E = 6{,}371 \cdot 10^{6}\ \mathrm{m}$
8. Radius des Mondes (Mittelwert)	—	$r_M = 1{,}738 \cdot 10^{6}\ \mathrm{m}$
9. Entfernung Sonne — Erde (Mittelwert)	—	$r_{S,E} = 1{,}496 \cdot 10^{11}\ \mathrm{m}$
10. Entfernung Erde — Mond (Mittelwert)	—	$r_{E,M} = 3{,}844 \cdot 10^{8}\ \mathrm{m}$
11. Fallbeschleunigung auf der Sonne	—	$g_S = 273\ \mathrm{m\,s^{-2}}$
12. Fallbeschleunigung auf dem Mond	—	$g_M = 1{,}62\ \mathrm{m\,s^{-2}}$
13. Siderisches Jahr = Umlaufzeit der Erde um die Sonne		$t_{Si,E} = 365{,}256\ \mathrm{d}$ $= 8766{,}158\ \mathrm{h}$ $= 3{,}1558 \cdot 10^{7}\ \mathrm{s}$
14. Siderischer Monat = Umlaufzeit des Mondes um die Erde		$t_{Si,M} = 27{,}322\ \mathrm{d}$ $= 655{,}72\ \mathrm{h}$ $= 2{,}3606 \cdot 10^{6}\ \mathrm{s}$
15. Sterntag = Umdrehungszeit der Erde um ihre Achse	—	$t_{St} = 23\ \mathrm{h}\ 56\ \mathrm{min}\ 4\ \mathrm{s}$ $= 86164\ \mathrm{s}$
16. Molares Normalvolumen eines idealen Gases (0 °C und 1013 mbar)	—	$V_{molar,0} = 0{,}0022414\ \mathrm{m^3\,mol^{-1}}$
17. Universelle Gaskonstante	$R = \frac{V_{molar}\,p}{T}$	$R = 8{,}3144621\ \mathrm{J\,K^{-1}\,mol^{-1}}$
18. AVOGADRO-Konstante	$N_A = \frac{N}{\nu}$	$N_A = 6{,}022 \cdot 10^{23}\ \mathrm{mol^{-1}}$
19. BOLTZMANN-Konstante	$k = \frac{R}{N_A}$	$k = 1{,}38065 \cdot 10^{-23}\ \mathrm{J\,K^{-1}}$

Name	*Verknüpfung*	*Wert*
20. Absoluter Nullpunkt	—	$T_0 = 0\text{ K}$ oder $\vartheta_0 = -273{,}15\ °\text{C}$
21. Elektrische Feldkonstante	$\varepsilon_0 = \frac{Q_1 Q_2}{4\pi r^2 F}$	$\varepsilon_0 = 8{,}854188 \cdot 10^{-12}\ \text{A s V}^{-1}\ \text{m}^{-1}$
22. Magnetische Feldkonstante	$\mu_0 = \frac{2\pi r B}{I}$	$\mu_0 = 4\pi \cdot 10^{-7}\ \text{V s A}^{-1}\ \text{m}^{-1}$
23. Elektrische Elementarladung	—	$e = 1{,}602177 \cdot 10^{-19}\ \text{C}$
24. FARADAY-Konstante	$F = N_\text{A} e$	$F = 96485\ \text{C mol}^{-1}$
25. PLANCK-Konstante	$h = \frac{W}{f}$	$h = 6{,}6261 \cdot 10^{-34}\text{J s}$
26. RYDBERG-Konstante	$R_\infty = \frac{e^4 m_\text{e}}{8\varepsilon_0^2 h^3 c}$	$R_\infty = 1{,}0974 \cdot 10^7\ \text{m}^{-1}$
27. Atomare Masseneinheit	—	$u = 1{,}660538 \cdot 10^{-27}\ \text{kg}$
28. Ruhmasse des		
Elektrons	—	$m_\text{e} = 9{,}10938 \cdot 10^{-31}\ \text{kg}$
Protons	—	$m_\text{p} = 1{,}672622 \cdot 10^{-27}\ \text{kg}$
Neutrons	—	$m_\text{n} = 1{,}674927 \cdot 10^{-27}\ \text{kg}$
Wasserstoffatoms	—	$m_\text{H} = 1{,}673173 \cdot 10^{-27}\ \text{kg}$
Deuterons	—	$m_\text{D} = 3{,}343583 \cdot 10^{-27}\ \text{kg}$
Alphateilchens	—	$m_\alpha = 6{,}644657 \cdot 10^{-27}\ \text{kg}$
29. Ruhenergie des		
Elektrons	$W_{\text{e},0} = m_\text{e} c^2$	$W_{\text{e},0} = 0{,}511\ \text{MeV}$
Protons	$W_{\text{p},0} = m_\text{p} c^2$	$W_{\text{p},0} = 938{,}27\ \text{MeV}$
Neutrons	$W_{\text{n},0} = m_\text{n} c^2$	$W_{\text{n},0} = 939{,}56\ \text{MeV}$
30. Spezifische Ladung des		
Elektrons	—	$\frac{e}{m_\text{e}} = 1{,}7588 \cdot 10^{11}\ \text{A s kg}^{-1}$
Protons	—	$\frac{e}{m_\text{p}} = 9{,}5788 \cdot 10^7\ \text{A s kg}^{-1}$
31. Massenverhältnis Proton : Elektron	—	$\frac{m_\text{p}}{m_\text{e}} = 1836{,}15$

VI Zusammenhänge zwischen den früher verwendeten und den gesetzlichen Einheiten

Name der früher verwendeten Einheiten		*Zusammenhang mit den gesetzlichen Einheiten*		
1.	Ångström	1 Å	=	10^{-10} m
2.	Barn	1 b	=	10^{-28} m^2
3.	Gal	1 Gal	=	10^{-2} m s^{-2}
4.	Dyn	1 dyn	=	10^{-5} N
5.	Kilopond	1 kp	=	9,80665 N $\approx$ 10 N
6.	Technische Atmosphäre	1 at	=	98066,5 Pa
7.	Physikalische Atmosphäre	1 atm	=	101325 Pa
8.	Torr	1 Torr	=	$\frac{101325}{760}$ Pa = 1,333224 mbar
9.	Meter-Wassersäule	1 m Ws	=	9806,65 Pa = 98,0665 mbar
10.	Millimeter-Quecksilbersäule	1 mm Hg	=	133,322 Pa = 1,33322 mbar
11.	Poise	1 P	=	0,1 Pa s
12.	Stokes	1 St	=	10^{-4} m^2 s^{-1}
13.	Erg	1 erg	=	10^{-7} J
14.	Kalorie	1 cal	=	4,1868 J
15.	Pferdestärke	1 PS	=	735,49875 W
16.	Gaußquadratmeter	1 Gm^2	=	10^{-4} Wb
17.	Maxwell	1 M	=	10^{-8} Wb
18.	Gauß	1 G	=	10^{-4} T
19.	Stilb	1 sb	=	10^4 cd m^{-2}
20.	Apostilb	1 asb	=	$\frac{10^{-4}}{\pi}$ sb = $\frac{1}{\pi}$ cd m^{-2}
21.	Curie	1 Ci	=	$37 \cdot 10^9$ Bq
22.	Rad	1 rad	=	10^{-2}Gy
23.	Rem	1 rem	=	10^{-2}Gy
24.	Röntgen	1 R	=	$258 \cdot 10^{-6}$ C kg^{-1}

Stichwortverzeichnis

Die Zahlen hinter den Stichwörtern sind die Seitenzahlen. Die Stichwörter sind nach Substantiven geordnet, so findet man z. B. „dünne Schichten“ nur unter „Schichten, dünne“.